読者限定

ことりっぷ co-Trip

伊豆

熱海

電子書籍が

無料ダウンロード

できます♪

電子書籍のいいところ

購入した「ことりっぷ」が
いつでも
スマホやタブレットで
持ち運べますよ♪

まずは
ことりっぷアプリを
ダウンロード

詳しくは裏面で

いってきます。

伊豆に行ったら…

伊豆に着きました。

さて、なにをしましょうか？

**きれいな空気ときらめく海、吹きぬける風。
歴史が薫る街並みをのんびり散策したら、
眺めのいい温泉で心も体もリラックスしましょう。**

まずは熱海や下田、修善寺など風情ある街を散策。熱海には新店も続々登場しています。絶景を楽しむなら小室山や伊豆パノラマパークがおすすめ。デッキやカフェが整備され、ゆったり過ごせると人気です。宿では泉質自慢の温泉をじっくり堪能しましょう。

今なお、なまこ壁が残る松崎の街並みを歩くと、タイムスリップしたような感覚になります。P.112

check list

- □ 熱海の街をおさんぽ P.18
- □ 來宮神社をお参り P.30
- □ 小室山と一碧湖で上質時間 P.38
- □ 海一望の露天風呂 P.48
- □ レトロな下田、街あるき P.62
- □ わくわくアニマルスポット P.72
- □ 修善寺温泉街をおさんぽ P.86
- □ 三島からおでかけ美景スポット P.122
- □
- □

これぞ伊豆、な海一望、伊豆高原の露天風呂。こんな開放感、ここにしかないかも。P.48

季節ごとの花はもちろん、相模灘を望む絶景もすばらしいACAO FOREST。P.32

文豪たちに愛された熱海の旧別荘。大正ロマンあふれる建築美に囲まれてノスタルジックな気分。P.18

ゆったりと富士山の絶景が望める伊豆パノラマパーク。時がたつのも忘れるほど。P.104

伊豆に行ったら…

なにを食べましょうか？

大ぶりなマグロや生シラス…こんなに豪華なの、やっぱり伊豆だからですね。P.126

**豊かな自然に囲まれた伊豆には
新鮮な地魚や野菜、フルーツがいっぱい。
鮨や海鮮丼もとびきりのおいしさです。**

熱海や伊豆高原にはオーベルジュやセンスのいいカフェ、フレンチやイタリアンの名店がそろっています。そして海の味覚の王様、伊勢エビに肉厚の金目鯛、深海魚や高足ガニ…。中伊豆では蕎麦や清流に育つ鮎、香り高い黒米などが名物です。

名物の黒米を使った料理。モチモチ、香りもよくってオイシイ♪ P.88

check list

- □ 地魚フレンチ&イタリアン P.46
- □ オーベルジュで豪華ディナー P.52
- □ とろける温泉メロンスイーツ P.68
- □ 伊勢エビ&金目鯛 P.74
- □ わさび、イノシシ、鮎…中伊豆の山の名物 P.96
- □ 沼津の魚市場食堂街でとれたて鮮魚 P.126

なにを買いましょうか？

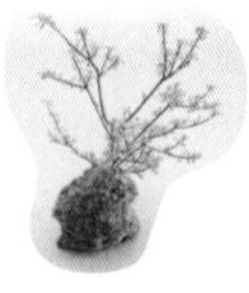

商店街では純度100%の椿油など、昔ながらの名品に出会えることも。P.37

**地元のフルーツで手作りしたジャムやスイーツ、
作家モノや素朴なアイテムも素敵です。
直売所の新鮮野菜や魚介も見逃せません。**

海の幸の印象が強い伊豆ですが、東伊豆のニューサマーオレンジやヤマモモ、中伊豆のイチゴなどフルーツも豊富です。静岡名産のお茶をはじめ、温泉まんじゅう、ひものやミネラルいっぱいの塩も根強い人気。農協や漁協の直売所では、市価よりも割安で買い物ができます。

伝統を大切にしながらも、カラフルでかわいらしいマカロンを発見。P.56

check list

- □ 熱海の人気みやげ P.20
- □ 伊東のひもの P.37
- □ 伊豆のスイーツみやげ P.56
- □ 温泉街のおまんじゅう P.89
- □
- □

小さな旅のしおり

今週末、電車で1泊2日の伊豆旅行へ

早起きして、東京から新幹線または特急「踊り子号」で2時間弱。
窓の外にきらめく海が見えてきたら、もうそこは伊豆。
美しい自然や温泉、おいしい食事を楽しむ小さな旅の始まりです。

1日め

新幹線駅の熱海駅から伊東駅は約 25 分。駅からおさんぽスタートです。

10:00

駅から歩いて**東海館** P.36へ。美しい木造建築に圧倒されます。

松川遊歩道 P.36からの眺めも素敵です。

11:30

電車で伊豆高原駅に移動して、**ミクニ伊豆高原** P.46へ。地魚を使ったフレンチをいただきます。

13:00

制作体験ができるスポットも多い伊豆高原。**えんのかま** P.42で世界にひとつだけの作品作りに挑戦です。

14:30

バスでパワースポットとしても人気の**大室山** P.40へ。リフトで山頂まで上れば爽快な景色が楽しめます。

夜は北川ムーンロードに願いごとを

15:30

バスで緑に囲まれた**ル・フィヤージュ** P.44 へ。無添加の焼きたてパンをおやつに。

17:00

伊豆急行で伊豆熱川駅へ。送迎バスで今日のお宿、**吉祥CAREN** P.78へ。源泉かけ流しでオーシャンビューのお風呂が自慢です。

2日め

9:00

宿でゆったりと朝風呂を。少し早起きをすれば、昇る朝日を拝みながら湯を楽しむこともできます。

10:00

伊豆熱川駅周辺には、足湯や**お湯かけ弁財天** P.70などがあり、のんびり熱川さんぽを楽しめます。

12:00

伊豆稲取駅へ。徒歩7分の**きんめ処 なぶらとと** **P.75**で、稲取自慢の金目鯛をいただきます。

稲取漁港が目の前

13:30

下田のメインストリート**ペリーロード** **P.64**をお散歩。

14:30

下田港に着いたら**黒船サスケハナ** **P.63**で海から下田の風景を楽しみましょう。

お土産買って帰りましょう

17:00

伊豆急行・JRで熱海駅へ戻って**駅前商店街** **P.20**でラストのお楽しみ。レトロな路地裏カフェ **CAFE KICHI** **P.21**も素敵です。

熱海プリンもお忘れなく

小さな旅のしおり

今週末、クルマで1泊2日の伊豆旅行へ

1日め

東名沼津ICから
クルマで約1時間。
伊豆の小京都、修善寺へ。

10:00

風情あふれる**竹林の小径** P.86で川のせせらぎを聞きながら散策。近くには古民家カフェ**茶庵 芙蓉** P.87や、お土産処**甘泉楼** P.86もあります。

12:00

めし屋みづ P.88へ。名物の黒米を使ったお弁当をいただきます。

13:30

Bakery&Table 東府や P.94へ。テラス席で足湯につかりながら、のんびりカフェタイム。

ドライブの疲れを癒しましょう

らせん状の大橋、ループ橋を下って

14:30

河津の名瀑、**河《かわ》津《づ》七滝《ななだる》** P.90へ。岩肌から湧き出る水と空気があたりを包みます。

16:00

県道15号を抜け、西伊豆海岸へ。トンボロ現象が見られる**三四郎島** P.110など風光明媚な海岸線が印象的。海のすぐそば**海辺のかくれ湯 清流** P.119が今夜のお宿です。

2日め

10:00

南へ下って西伊豆の小さな港町、松崎へ。**なまこ壁通り** P.112をお散歩。

11:30

お昼はイタリアンレストラン**サルーテ** P.114で地魚ランチ。

13:00

日本版「青の洞くつ」に感動

堂ヶ島洞くつめぐり P.110では遊覧船で海から絶景を堪能。西伊豆は**黄金崎** P.111など絶景スポットが目白押しです。

16:00

ビュッフェもあります ※期間限定

道の駅 伊豆のへそにある**いちごBonBon BERRY 伊豆の国factory** P.93で、休憩がてらいちごアイテムをおみやげに。

伊豆縦貫道長岡北ICから国道414号経由で、沼津港方面へ

18:30

沼津ICをめざして帰りましょう。

プランづくりのコツ

●観光スポットが分散している伊豆。特に東伊豆から西伊豆へは電車の連絡がないので、1泊2日の旅行なら、エリアを絞るのがベストです。

●東伊豆を車移動するなら信号がない「伊豆スカイライン」がスムーズです。

●修善寺へは、三島から伊豆箱根鉄道が連絡しているので便利です。

ことりっぷ co-Trip 伊豆

CONTENTS

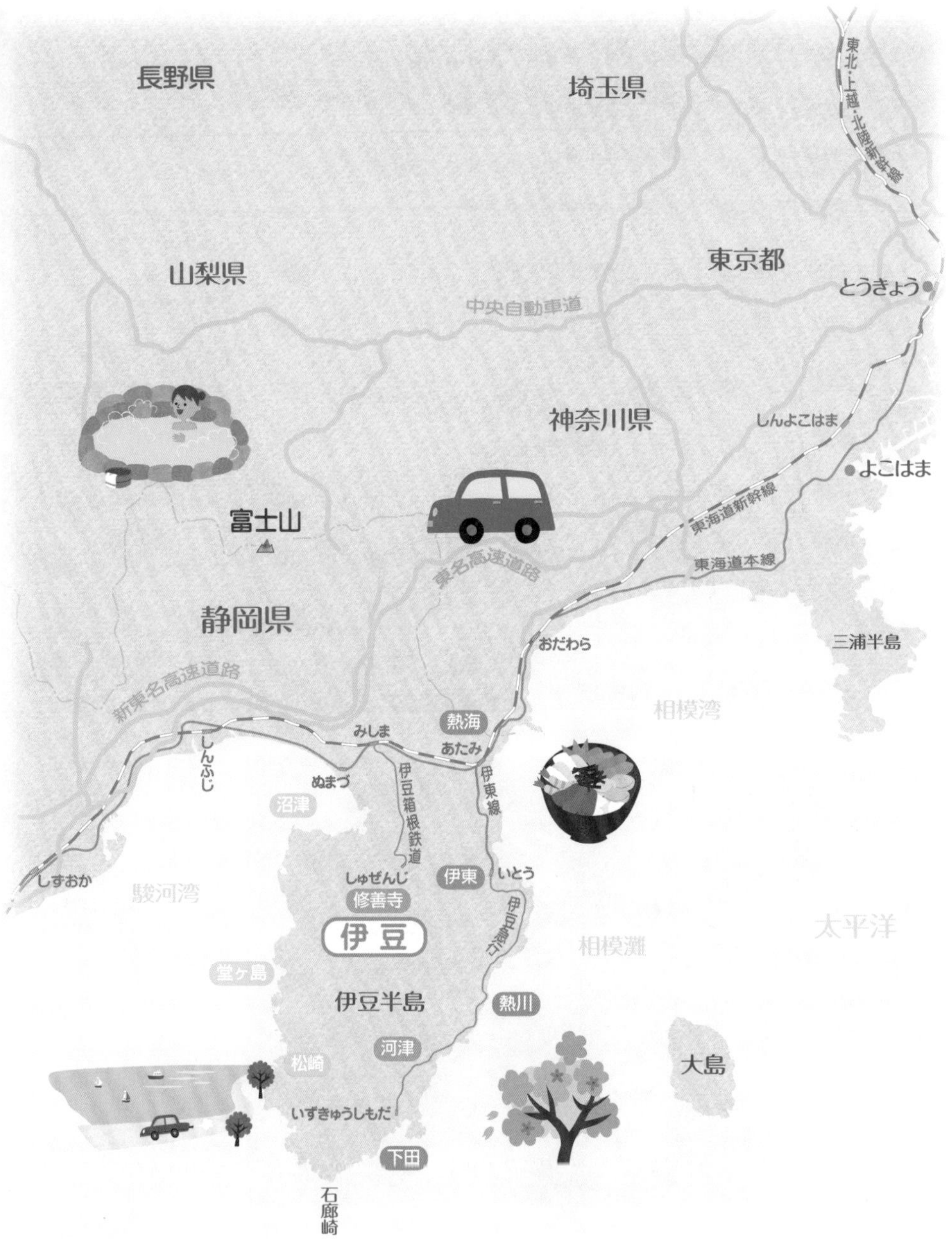

長野県
埼玉県
東北・上越・北陸新幹線
山梨県
東京都
とうきょう
中央自動車道
神奈川県
しんよこはま
よこはま
富士山
東海道新幹線
東海道本線
東名高速道路
静岡県
おだわら
三浦半島
新東名高速道路
相模湾
熱海
みしま
あたみ
しんふじ
ぬまづ
伊豆箱根鉄道
伊東線
沼津
しずおか
駿河湾
しゅぜんじ
修善寺
伊東
いとう
伊豆
伊豆急行
相模灘
太平洋
堂ヶ島
伊豆半島
熱川
河津
松崎
大島
いずきゅうしもだ
下田
石廊崎

色鮮やかな楽園へようこそ
春夏秋冬・伊豆の花カレンダー

四季折々に花が咲き誇る温暖な伊豆半島。
桜、アジサイ、紅葉、水仙……
さまざまな花が、訪れる人をやさしく迎えてくれます。

春

1 河津桜

‖河津‖かわづざくら

1月中旬からつぼみがほころび、2月上旬から濃いピンクの花が咲き始める。

☎0558-32-0290（河津町観光協会）住河津町 Pあり 交伊豆急行河津駅からすぐ MAP付録⑦ E-5

2 熱海梅園の梅

‖熱海‖あたみばいえんのうめ

日本で最も早咲きといわれ、見ごろは1～3月上旬。樹齢100年超の古木を始め、60品種469本の梅が咲く。

☎0557-86-6218（熱海市公園緑地課）住熱海市梅園町8-11 ¥梅まつり時期のみ入園料大人300円 Pあり 交JR来宮駅から徒歩10分 MAP付録⑦ E-1

夏

1 下田公園のアジサイ

‖下田‖しもだこうえんのアジサイ

6月に満開となる美しいアジサイ。6月1～30日にはあじさい祭が開催される。

☎0558-22-1531（下田市観光協会）住下田市3丁目 Pあり 交伊豆急行伊豆急下田駅から徒歩20分 ※あじさい祭期間中は臨時バス停あじさい公園からすぐ MAP付録③ B-4

2 了仙寺のアメリカジャスミン

‖下田‖

りょうせんじのアメリカジャスミン

5月中旬から下旬にかけて咲くアメリカジャスミン。境内は花の香りでいっぱいに。→P.62

2月に始まる河津桜まつり

2月上旬から約1か月間開催される河津桜まつり。例年多くの人出があり、ひと足早い春の訪れを楽しむ伊豆の風物詩です。

秋

1 修善寺自然公園の紅葉

‖修善寺‖しゅぜんじしぜんこうえんのこうよう

伊豆エリア最大規模のもみじ林。11月中旬～12月上旬にかけて、約1000本の木々が色鮮やかに染まる。

☎0558-72-2501（伊豆市観光協会修善寺支部）⌂伊豆市修善寺 Pあり 👣バス停もみじ林から徒歩5分 MAP付録④ A-4

2 稲取細野高原のススキ

‖稲取‖いなとりほそのこうげんのススキ

黄金色にきらめくススキ野原から海も望める。見ごろの10月上旬～11月上旬にはイベントも開催。

☎0557-95-0700（東伊豆町観光協会）⌂東伊豆町稲取3150-3 Pあり 👣伊豆急行伊豆稲取駅から車で15分 MAP付録⑦ E-4

冬

1 爪木崎の水仙

‖下田‖つめきざきのすいせん

12月下旬～1月に咲く爪木崎遊歩道沿いの野水仙。あわせて水仙まつりも開催される。

☎0558-22-1531（下田市観光協会）⌂下田市須崎1237 Pあり 👣バス停爪木崎からすぐ MAP付録⑦ E-6

2 アロエの里のアロエ

‖下田‖アロエのさとのアロエ

12月頃から咲き始める伊豆白浜のアロエ。花越しに見る伊豆大島の眺めも美しい。

☎0558-22-5240（伊豆白浜観光協会）⌂下田市白浜板戸 Pあり 👣バス停一色口から徒歩5分 MAP付録⑦ E-6

河津桜を眺めながら足湯はいかがですか。河津川に面した「河津三郎の足湯」「豊泉の足湯処」「さくらの足湯処」はどれも無料です。

どこまでも広がる青い空と青い海。
たっぷりと咲き誇る美しい花々。
ゆったりと温泉につかって、
とれたての魚や野菜をいただきます。

どこか懐かしくてやさしい伊豆の風景は
おかえり、と迎えてくれるような、
のんびりでいいよ、と言ってくれているような。

心も体もまるごと心地よさに包まれたら
旅の終わりには、また新しい毎日が見えてきそうです。

さて、どちらへ向かってみましょうか。

電車でトコトコ東伊豆や南伊豆、
西伊豆ドライブもいいし、
緑に包まれる中伊豆もいいですね。

熱海・伊東
伊豆高原

奈良時代から続く温泉地・熱海は伊豆の玄関口。
新感覚のお店も増え、多くの人でにぎわっています。
老舗旅館が立ち並ぶ伊東は歴史の息づく街並みで
浴衣で散歩する姿も絵になります。

一方、緑あふれる別荘地として人気の高い伊豆高原は
オーベルジュや高級リゾートホテル、
美術館や隠れ家的なカフェが点在します。

熱海・伊東・伊豆高原を
さくっと紹介します

くつろぎの温泉と高原リゾートが出迎えてくれる伊豆半島東の玄関口。湯治の風情を味わうもよし、美術館めぐりやグルメスポット探しをするもよし、さまざまなスタイルで楽しめるエリアです。

旅の支度をととのえる 現地お役立ちミニ情報

熱海観光案内所で観光情報を入手しよう

熱海駅の改札を出て右側にある「ラスカ熱海」の1階に熱海観光案内所があります。熱海のマップや観光名所のパンフレット・割引券を手に入れることができます。わからないことはスタッフに聞いてみましょう。

熱海観光案内所
🕘9:00〜18:00 ※変動あり
休ラスカ熱海に準じる
MAP付録① C-1

電車で来ても利用しやすい道の駅「伊東マリンタウン」

国道135号沿いの道の駅「伊東マリンタウン」には、レストランやお土産店、立ち寄り天然温泉などがあります。さらに遊覧船も運航しており、子どもも大人も楽しめる施設。伊東駅から「マリンタウン」行きのバスが運行しているので（所要時間5分、運賃200円）、電車で来た人にも訪れやすい施設です。

道の駅 伊東マリンタウン
P.57

駅前の足湯でリフレッシュ

熱海の駅前広場には温泉を利用した足湯「家康の湯」があり、毎日9時から16時まで無料で利用できます。近くでオリジナルタオルの販売もしているので、手ぶらでも利用できます。電車移動の疲れを癒して、気分一新、歩き始めましょう。

リゾートショッピングが楽しめる伊豆高原駅

伊豆高原駅構内には、ショッピングモール「やまもプラザ」が併設されています。パティオ（中庭）を囲むようにお土産、雑貨、衣料、飲食などのお店が並び、リゾートショッピングが楽しめます。

伊豆高原駅やまもプラザ
P.57

Suica、PASMOも使えるから便利

伊豆半島の東側を走る電車は、熱海〜伊東間はJR東日本の伊東線、伊東〜伊豆急下田間が伊豆急行です。Suica、PASMOは、伊東駅を含む伊豆急行全16駅でも使用が可能です。改札付近に設置された改札機にカードをタッチすれば通過できます。

全国有数の規模と知名度を誇る湯の町

熱海《あたみ》 P.18

海沿いを中心に温泉宿が建ち並び、夜景が美しい。夏冬の海上花火大会が有名。

雄大な自然を肌で感じる

城ヶ崎《じょうがさき》 P.41

海面から切り立った断崖が続く。ダイナミックな風景を臨む散策コースがある。

相模灘に浮かぶ
リゾートアイランド

初島《はつしま》

P.34

首都圏からいちばん近い離島。花と緑にあふれ、のんびり過ごせる。

歴史ある
温泉地を散策

伊東《いとう》

P.36

歴史ある温泉街。風情ある建築物やアーティスティックなオブジェが点在する。

爽やかな高原で
アートを堪能

伊豆高原《いずこうげん》

P.40

個性的な美術館や博物館が集まる。おしゃれなオーベルジュやレストランも魅力。

伊豆急行で普通列車に乗るなら、先頭車両が全面ガラス張りで眺望のよい「リゾート21」がおすすめ。

古さも楽しい温泉街 熱海の街をおさんぽ

都心からわずか１時間半。今また注目が集まる一大温泉リゾート、熱海。古くから観光客をもてなしてきた魅力を、ぶらり歩いて探してみましょう。

ぐるっと回って
180分

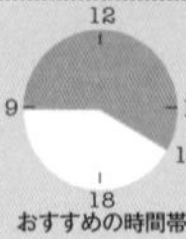

おすすめの時間帯

海岸線や糸川沿いなどは整備されて歩きやすいですが、熱海の街は坂が多く道も狭いのでバスやタクシーも上手に取り入れましょう。街なかの裏路地などは歩く楽しみも十分あります。

1 熱海サンビーチ《あたみサンビーチ》

貫一・お宮の像もすぐ近く

爽快な景色で出迎える熱海のシンボル

青い海と白い砂浜、建ち並ぶホテルがリゾート気分を高めてくれる。隣接する親水公園は、コートダジュールをイメージして整備され散策におすすめ。

ビーチ ☎0557-86-6218（熱海市公園緑地課） 熱海市東海岸町地先 Ⓟあり バス停サンビーチからすぐ MAP19

1清掃の行き届いたクリーンなビーチはいつ訪れてもすがすがしい 2夜は日本初のビーチライトアップでまた違った表情に

1日本初のステンドグラス職人の作品が目を引くサンルーム

2どこから見ても絵になるよう設計された庭 3建築当時のままのステンドグラスの窓がモダンな「ローマ風浴室」

2 起雲閣《きうんかく》

多くの著名人を魅了した建築美

大正・昭和に築かれた熱海三大別荘のひとつ。志賀直哉や太宰治などにも愛された建物と庭園は、熱海市の文化財として一般公開されている。

歴史建築 ☎0557-86-3101 熱海市昭和町4-2 ⏰9:00〜16:30 休水曜（祝日の場合は開館） ¥610円 Ⓟあり バス停起雲閣前からすぐ MAP19

糸川沿いに咲く早咲きのあたみ桜もキレイ

熱海観光なら「湯〜遊〜バス」

熱海駅から20〜30分間隔で運行しているバス。熱海市内をぐるっと一周し、観光名所を効率的に回れます。1回乗車300円、1日乗車券800円。

3 熱海自家焙煎珈琲 coffee house 茶々

あたみじかばいせんこーひーコーヒーハウスちゃちゃ

地元で愛される路地裏のお店

起雲閣そばの路地裏で地元のコーヒー好きにおなじみの店。店内には厳選した豆を自家焙煎したスペシャルティコーヒーのいい香りが漂い、ほっと一息つける。

アドバンスドコーヒーマイスターのいる店

喫茶 ☎0557-85-8090 ⌂熱海市清水町11-11 ⏰11:00〜16:00 休日曜 Pあり 👣バス停清水町からすぐ MAP19

お宮と貫一にちなんだおみやげも探してみましょう

4 ボンネット

日本の喫茶店史にも名を残す名店

1952（昭和27）年創業。昭和の大スターなど有名人もお忍びで通っていたという、熱海のレトロ喫茶の代名詞ともいえる店。

喫茶 ☎0557-81-4960 ⌂熱海市銀座町8-14 ⏰10:00〜不定（日により異なる）休日曜 Pなし 👣JR熱海駅から徒歩12分 MAP19

1

2

3

1レトロな内装はまるでタイムスリップしたよう 2昭和喫茶の定番「クリームソーダ」650円 3三島由紀夫も好んだというハンバーガー 600円

5 本家 ときわぎ

ほんけときわぎ

無添加にこだわる伝統のきび餅

熱海銀座のランドマークでもある、宮造りの店構えが目を引く老舗和菓子店。人気のきび餅は、甘さひかえめな餅ときな粉のやさしい味わいが広がる。

風格ある宮造り建築の建物がひときわ目を引く

和菓子 ☎0557-81-2228 ⌂熱海市銀座14-1 ⏰9:30 〜 17:30 休水・木曜（祝日の場合は営業）Pなし 👣バス停大湯間歇泉からすぐ MAP19

「登きわ木」650円は水飴を使わず自然乾燥で作られる

5

6

7

1初夏に見ごろを迎える「ジャカランダ遊歩道」 2熱海駅前の足湯「家康の湯」は旅の疲れを癒す人でにぎわう 3街中には「熱海七湯」の温泉施設を復元した記念碑が点在。「佐治郎の湯」は眼病に効くと言われていた 4駅前商店街では蒸したての温泉まんじゅうを食べ歩き 5「MARUYA Terrace」で熱海の情報収集を 6熱海銀座には、昭和の香り漂う喫茶店も点在 7ヨットハーバーを眺めながら海沿いをさんぽ

「起雲閣」には旅館時代のバースペースを利用した気品ある喫茶室があり、オリジナルコーヒーなどが楽しめます。

目移りしそうなおやつ&スイーツ 熱海の駅前商店街をぶらり

**多くの観光客が行き交うにぎやかな駅前の商店街。
プリンにいちご、チーズスイーツなどの専門店から、
老舗干物店まで、小腹を満たす熱海グルメを楽しみましょう。**

**ワッフルと
地元素材のコラボ**

Merienda Tiempo feliz

メリエンダティエンポフェリス

丹那牛乳や伊豆産イチゴなど、地元の魅力的な素材を気軽に食べられる串付きワッフルにアレンジ。ドリンクも多彩。

ばなな
チョコレート
ワッフル 500円
生地にも生クリームにも
丹那牛乳をたっぷり使用

ワッフル ☎0557-55-7979
住 熱海市田原本町3-22
営 10:00〜17:00
休 不定休 P なし
JR熱海駅から徒歩3分
MAP 付録① C-1

各380円〜
旬の地元素材を生かした
味がそろう。期間限定商品もあり

**コロコロ
新感覚シュークリーム**

熱海スクエアシュークリーム

あたみスクエアシュークリーム

ひとつひとつ手作りされるシュークリームは、戸田塩や高級抹茶、丹那牛乳など静岡県産の素材を使用している。

シュークリーム ☎0557-85-2221 住 熱海市田原本町3-6 営 10:00〜17:00 休 不定休 P なし JR熱海駅から徒歩3分 MAP 付録① C-1

桶チーズプリン 650円
チーズクリームと
求肥がのった固めのプリン

**ふわとろ
チーズスイーツ専門店**

熱海ミルチーズ あたみミルチーズ

テイクアウト、イートイン、おみやげと、1棟丸ごとチーズスイーツ尽くし。飲めるチーズケーキなど種類も豊富。

チーズスイーツ ☎0557-55-7625 住 熱海市田原本町3-18 営 10:00〜18:00 休 不定休 P なし JR熱海駅から徒歩3分 MAP 付録① C-1

**いちご好き納得の
スイーツの数々**

いちごBon Bon BERRY ATAMI HOUSE.

いちごボンボンベリーアタミハウス

温泉まんじゅう
いちご串
各500円
老舗の温泉まんじゅうといちごの甘酸っぱいコラボ

いちごを贅沢に使ったスイーツがそろう、いちごスイーツ専門店。見た目も味も期待以上で、いちごの魅力たっぷり。

いちごスイーツ ☎0557-55-9550
住 熱海市田原本町3-16 営 10:00〜18:00 休 無休 P なし JR熱海駅からすぐ MAP 付録① C-1

温泉まんじゅうは蒸したてを

商店街には店頭で蒸したての温泉まんじゅうを販売しているお店もあります。1個から購入できるので、食べ比べもおすすめです。

熱海プリン 特製カラメルシロップ付（左）400円、風呂まーじゅプリン ベリー berry（右）420円

レトロなデザインで、いちごや抹茶などさまざまなフレーバーがある

熱海みやげの王道プリン

熱海プリン あたみプリン

常に行列のできる人気プリン専門店。昔懐かしい味わいで、ほろ苦いカラメルがよく合う。季節限定商品にも注目。

プリン ☎0557-81-0720 ⌂熱海市田原本町3-14 ⏱10:00～18:00 休無休 Pなし 👣JR熱海駅から徒歩3分 MAP付録① C-1

商店街入口の はちみつ専門店

杉養蜂園 熱海店

すぎようほうえんあたみてん

多種の果汁蜜など、豊富なはちみつ製品がそろう。はちみつ入りソフトクリームはほんのり甘くてやさしい味わい。

はちみつ ☎0557-86-3338 ⌂熱海市田原本町6-5 ⏱9:00～17:45 休無休 Pなし 👣JR熱海駅からすぐ MAP付録① C-1

マヌカ蜜＋はちみつソフトクリーム 700円

濃密なマヌカ蜜がたっぷりのプレミアムなスイーツ

焼きたての干物と地酒は格別

魚とや ととや

店頭に天日干しのアジや金目鯛など自家製干物がずらり。購入した干物は＋100円でその場で焼いてもらえる。

干物 ☎0557-81-4286 ⌂熱海市田原本町3-11 ⏱9:00～17:00（イートインは～16:30） 休不定休 Pなし 👣JR熱海駅からすぐ MAP付録① C-1

えび干物 350円

頭付きで1尾丸ごと味わえる贅沢な一品

ここでひと休み

路地裏の なごみ空間

CAFE KICHI

カフェキチ

古材を使用したテーブルやランプが配された店内

自家製スイーツとクラフトビールが人気の古民家カフェ。できるだけ地元食材や体にやさしい素材を使用している。

カフェ ☎0557-86-0282 ⌂熱海市田原本町5-9 ⏱11:00～19:00 休水曜 Pなし 👣JR熱海駅からすぐ MAP付録① C-1

シフォンケーキ420円とコーヒー600円～

食べ応え満点の磯揚げ

磯揚げまる天 熱海店

いそあげまるてんあたみてん

素材を生かした約10種類の磯揚げを販売。いか天やたこ棒など、それぞれボリューミーでひとつでも満足感が高い。

磯揚げ ☎0557-85-3737 ⌂熱海市田原本町6-3 ⏱9:00～17:30 休無休 Pなし 👣JR熱海駅からすぐ MAP付録① C-1

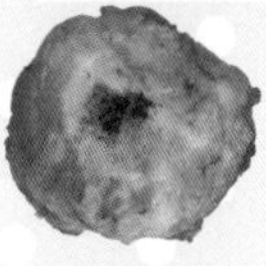

じゃがバター天 320円

バターの芳醇な香りがたまらない人気商品

熱海駅直結のラスカ熱海では、帰りの新幹線車内で食べられるような弁当やサバサンドなども販売しています。

レトロな街にこだわりのすてきなお店
熱海銀座〜渚町でスイーツからごはんまで

ひものの老舗店や昭和レトロな喫茶店が残る熱海銀座や、
親水公園そばで懐かしい雰囲気の路地裏がある渚町。
今ここに、新しいお店が続々と仲間入りしています。

1熱海銀座商店街に面したお店 2爽やかなレモネードサイダー 550円 3三島産ミントが鮮やかなストロベリー&ミント650円 4自家製シロップはオーガニックフルーツを2週間漬け込んで作る

薬局の一角にある自然派ジュースバー

Organic Box オーガニックボックス

オーガニックにこだわった季節のフルーツを使った自家製シロップを、サイダーなどのドリンクに仕立てるジュースバー。夏にはフルーツの味が濃い自家製かき氷、冬にはホットラムチョコレートなども登場する。

店内にはテーブル席もありひと息つける

ジュースバー ☎0557-81-2231（隣接の杉本薬局）
熱海市銀座町10-18 10:00〜16:00（日によって異なる）
休 不定休 P なし JR熱海駅から徒歩12分 MAP 付録① B-3

1迷ったらミックスフルーツゼリー 648円（左）と熱海サンビーチグレープフルーツ637円（右） 2食べ応えのあるフルーツサンドミックス各680円

旬のフルーツをよりおいしく、よりかわいく

熱海フルーツキング あたみフルーツキング

熱海サンビーチすぐ近くにある、フルーツサンドとフルーツゼリーのお店。店頭には常時それぞれ10数種類が並ぶ。商品ごと自家製ペーストやフルーツに合わせて生クリームを変え、ボリュームがあっても食べ飽きない味。

店頭を彩る、季節ごとに変わるフルーツも楽しみ

フルーツサンド ☎0557-85-5400 熱海市渚町1-2
10:00〜17:00頃（売り切れ次第終了） 休 無休 P なし
JR熱海駅から徒歩15分 MAP 付録① B-2

ひもの作りのワークショップも

Himono Dining かまなりには、一人3000円で釜鶴の職人指導のもとひもの作り体験ができる、ワークショップコーナーもあります（要予約）。

海すぐそばの
抹茶スタンド

熱海青葉舎

あたみせいようしゃ

ドリンクスイーツには富士山麓の茶葉をオリジナルブレンドした富士抹茶を使用。高品質なお抹茶をその場で点てるので、豊かな香りと味わいが楽しめる贅沢な一品。

カフェ　なし　熱海市渚町20-1　10:00～17:00　休 不定休　P なし　バス停銀座から徒歩3分　MAP 付録① B-3

1

2

3

1 富士プリン750円には冠雪に見立てたマスカルポーネクリームがとろり 2 海のすぐそばにあるお店 3 抹茶を海、塩クリームを雲に見立てた塩抹茶ラテ700円

1

2

1 明るく開放的な店内には地下源泉を引く足湯もある 2 釜鶴のひものや地元食材がのる、ひものデリプレート1900円

ひものの概念が変わる
新感覚の一皿

Himono Dining かまなり

ヒモノダイニングかまなり

老舗ひもの店「釜鶴」の直営店。焼きはもちろん、蒸す・燻す・揚げるなど様々な調理法でひものを味わえる。自然派ワインやクラフトジン・ビールなどとも好相性。

ダイニング　0557-81-2263　熱海市銀座町11-6　8:00～17:00　休 火曜、第2水曜　P なし　JR熱海駅から徒歩12分　MAP 付録① B-3

新鮮魚介を
多国籍料理で気軽に

熱海渚町・おさかな丼屋ビストロ

あたみなぎさまちおさかなどんやビストロ

熱海銀座の交差点に店を構える、海鮮料理の店。海鮮丼はもちろん、魚介の旨みたっぷりのパスタや、風味豊かで柔らかい肉質が特徴のあしたか牛の丼などが人気。

多国籍料理　0557-83-7055　熱海市渚町5-1 大舘呉服店ビル1F　11:00～16:00、17:00～20:00（土・日曜、祝日は11:00～20:00、テイクアウトは～18:00）　休 不定休　P なし　JR熱海駅から徒歩12分　MAP 付録① B-3

1

2

1 具材盛りだくさんの海鮮どっさりスープスパゲティ2068円 2 港町の市場のような活気ある店内

熱海フルーツキングは駅前の熱海平和通り商店街にも店舗があります。

長年愛されるには理由がある 熱海の老舗店自慢のランチ

歴史ある熱海の街を支えてきた老舗店には、
長年愛されてきた魅力があります。
レトロな雰囲気に身をまかせ、伝統の味を楽しみましょう。

1

2

125細部にまでこだわった繊細な装飾が先代の洗練されたセンスを感じさせる　3路地裏に店を構え多くの常連に愛されている店。店頭のサンプルにも歴史を感じる　4懐かしのピンク電話も現役

3

4

5

創業 昭和34年

贅沢なひと時を演出する レトロ空間

喫茶 田園

きっさでんえん

店内に足を踏み入れた瞬間、白いオブジェや鯉が泳ぐ池など、開店当初から変わらぬ粋な装飾に目を奪われる。ナポリタンやパフェなど、定番ながらていねいに作られた懐かしの味を楽しみつつ、ソファーに腰掛けゆったりと穏やかな時間を過ごすことができる。

カフェ　0557-81-5452　熱海市渚町12-5　9:00～20:00
休 木曜　P なし　JR熱海駅から徒歩15分　MAP 付録① B-3

ミートソース　780円
ひき肉と玉ねぎを6時間じっくり煮込んだ深みのある味わいは、お店自慢のメニュー

谷崎潤一郎が愛したスイーツも

半世紀以上続くフランス洋菓子店「MONT BLANC」MAP19のモカロール330円は、谷崎潤一郎が好んでよく注文したといわれています。

創業 昭和21年 変わらぬ味を守り続ける熱海の名店

クラシカルで落ち着いた内装が老舗の品格を醸し出す

ビーフシチュー　3630円　1週間じっくり煮込んだ濃厚なソースと、フォークだけでもほぐれる柔らかな牛肉が絡み合う、贅沢な一品。サラダ付

レストランスコット本店

レストランスコットほんてん

谷崎潤一郎や志賀直哉などをもうならせた洋食を、今も変わらぬ味で守り続ける名店。手をかけてていねいに作り上げる味は、ひと口ずつゆっくりと味わいたくなる深みがある。

アラカルトメニューもそろう熱海の名物洋食店

洋食　0557-81-9493　熱海市渚町10-13　12:00～13:30、17:00～19:15　休 木曜　P あり　JR熱海駅から徒歩15分　MAP 付録① B-3

創業 昭和30年 レトロ空間で味わう昔ながらの王道洋食

店内にある螺旋階段が何ともレトロ。2階席もあり

エビピラフ　850円　創業当初から続く定番メニュー。大ぶりのエビはプリプリで食べ応え十分

レストラン フルヤ

オムライスやナポリタン、エビフライなど王道の洋食メニューがそろう老舗洋食店。創業時のレシピをベースにした、懐かしくて素朴な味わいが人気。昭和の趣を残すレトロな内装もすてき。

赤と白のストライプ屋根がかわいらしい

洋食　0557-82-4048　熱海市田原本町8-9　12:00～17:00　休 不定休　P なし　JR熱海駅からすぐ　MAP 付録① C-1

創業 昭和22年 自慢の海景色が料理のアクセントに

外階段からも入れ、夏は海水浴客でにぎわう

オムライスB　1400円　たっぷり3個使用するとろとろ玉子にトマトソースが好相性。サラダ、スープ付

Cafe&Restaurant Nagisa

カフェアンドレストランナギサ

親水公園すぐそばの老舗喫茶店。2階にあるレストランは、テラス席からはもちろん、店内のテーブルからも初島まで見渡すことができる。お店自慢のコーヒーで一服もおすすめ。

1階の喫茶店は常連に人気のお得メニューもそろう

洋食　0557-81-4771　熱海市渚町10-5 2F　11:30～21:00　休 火曜（祝日の場合は営業）　P あり　JR熱海駅から徒歩15分　MAP 付録① B-3

「レストランスコット本店」は予約不可。ビーフシチューは限りがあるため早めにどうぞ。

伊豆の海の幸てんこ盛り 大満足な熱海の海鮮丼

相模湾に面した熱海の自慢は、もちろん新鮮魚介。
彩りよく盛られたアジやマグロ、イカにエビなど、
見た目もお腹もたっぷり満たす贅沢丼がそろいます。

鮮度抜群の地魚を豪快に

海鮮てっぺん丼2838円
熱海サーモンなどの地魚やマグロ、イクラなど日替わりで旬のおいしい魚が豪快に盛られた熱海の漁師飯。どの魚も身が厚く食べごたえ十分

朝とれたばかりの厳選魚介

漁師丼2300円
その日の朝とれた、7種類ほどの旬の地魚がたっぷり。伊豆産の香り豊かなのりも入って、見た目にも豪華

熱海銀座 おさかな食堂 あたみぎんざおさかなしょくどう

熱海銀座商店街に店を構える、海鮮エンターテインメント食堂。網代サバ、熱海サーモン、金目鯛など、熱海をはじめ伊豆各地の新鮮魚介が丼や定食でいただける。

☎0557-82-3715 ⌂熱海市銀座町8-8
🕒11:00～14:00、17:00～20:00(ドリンクは～20:30) 休水曜(9月を除く) Pなし ‼JR熱海駅から徒歩14分 MAP付録① B-2

和食処 天匠 わしょくどころてんしょう

毎朝仕入れるとれたての魚介を使った料理がそろう。網代や伊東の旬の地魚をふんだんに使った漁師丼2300円が人気。ほかに、いかの塩辛550円などお酒に合う一品料理も。

☎0557-82-3383 ⌂熱海市清水町4-16
🕒11:30～14:30、17:00～21:30 休木曜 Pあり
‼JR熱海駅から徒歩16分 MAP付録① B-3

マグロの「頭とろ」って？

「頭とろ」とは、マグロの目の上あたりを指す希少食材で、脂のりがよく旨みたっぷり。なかなか味わえない幻の味を堪能しましょう。

目利きの大将が仕入れるこだわりの地魚

海鮮丼1800円
真鶴で揚がったマグロ、熱海港や網代港で釣れるホウボウなど、その日最良の地魚を大将自身が目利き。味噌汁付き

地魚てんこ盛りのボリューム丼

海鮮丼ランチ2600円
マグロ、タコ、ウニなどがたっぷりのった贅沢な一品。アジやアオリイカなど、旬の地魚のおいしさは別格。汁物、小鉢、香物付き

海鮮食楽市場《かいせんしょくらくいちば》

旅館の料理長時代、2年連続でミシュラン一つ星を獲得している大将。「食は心」をモットーに、大将自ら仕入れる地魚を中心とした、こだわりの海鮮がたっぷりのった海鮮丼が自慢。

☎0557-85-5750（予約不可） 熱海市銀座町5-8
🕐11:00～15:00 休不定休 Pなし
JR熱海駅から徒歩12分 MAP付録① B-3

まさる

地元で60年以上愛されるアットホームな雰囲気の店。地元・網代港などで水揚げされた新鮮な地魚を仕入れ、ボリュームある海鮮丼や定食目当てに連日多くの客が訪れる。

☎0557-81-8897 熱海市渚町13-5 🕐11:30～13:30、月・火・金曜の17:30～20:00（品物がなくなり次第終了） 休木曜 Pなし
JR熱海駅から徒歩14分 MAP付録① B-3

その日の仕入れ具合で内容が変わる海鮮丼。季節限定、数量限定の丼もあるので確実に食べたいなら事前に確認がベターです。

個性たっぷりの熱海のカフェで極上のティータイムを

熱海の街には、地元素材や熱海らしさを大切にしながらも、
洗練されたスイーツを提供するカフェがあります。
パティシエ渾身のスイーツでほっとひと息つきましょう。

1「ショーラメールコースセゾン」3000円(4品)。甘み、酸味、苦味などのバランスが評判。別途1ドリンクオーダー制 2月替わりなので訪れるたびに新しい一皿に出合える 3落ち着いたシックな空間

アシェット・デセールをコースで堪能

Choud La mer ショーラメール

経験豊かなパティシエが目の前で作るアシェット・デセール（皿盛りデザート）をコースでいただける。静岡県産のフルーツや野菜を使い、美しい装いで一皿ずつ登場する季節のコースが人気。コースセゾンは完全予約制。

デザート専門店 ☎0557-48-7797 住熱海市桜町18-9
時11:00～19:00(フードは～18:00) 休火・水曜 Pあり
バス停大石原からすぐ MAP付録⑦ E-2

1純国産和栗を使用した「生糸モンブラン」2200円。栗本来の風味とサクサク食感のメレンゲの相性も抜群。ワンドリンク付き 2「和栗と季節の果物パフェ」2880円 3大人時間を過ごせる落ち着いた雰囲気

純国産和栗100%の和栗モンブラン専門店

和栗菓子kiito-生糸- わぐりかしきいと

熱海の老舗「古屋旅館」と京都の名店「和栗専門 紗織」が手がけた和栗カフェ。熊本産和栗100%のモンブランを、注文を受けてから太さ1mmの錦糸状に絞って提供。静岡のお茶と一緒に和栗の味と香りを体感して。

カフェ ☎0557-52-3551 住熱海市銀座町8-9
時10:00～17:00(イートインは～15:30)
休不定休 Pなし JR熱海駅から徒歩12分 MAP付録① B-2

「花の妖精」ではランチにも注目

ランチタイムに人気の「イセエビシーフードカレー」。伊勢海老半身がトッピングされた豪華な盛り付けと深みのある味わいに驚きます。

1

2

3
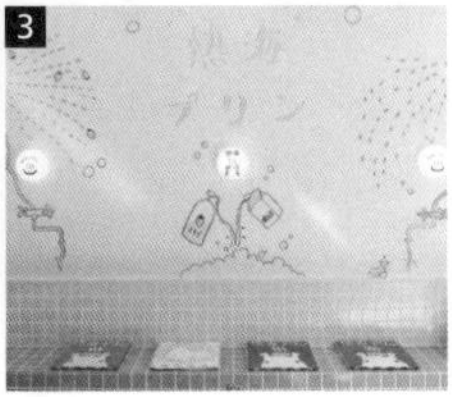

1ミルクソフトにプリンとクッキー、カラメルフレークをトッピングした「プリンパフェ」580円、かばクッキー付き+50円 2「皿プリン」500円は、固めのクラシックプリンに生クリームをのせて 3お風呂屋さんのようなカフェスペース

レトロかわいい空間で映えスイーツを

熱海プリンカフェ 2nd あたみプリンカフェセカンド

カバのイラストとタイル張りの浴槽がレトロかわいい店内で、風呂桶をテーブル代わりにするスタイルがユニーク。名物「熱海プリン」はもちろん、「プリンパフェ」や「皿プリン」ほか新感覚のメニューがたくさん。

カフェ ☎0557-85-1112 ⌂熱海市銀座町10-22
🕒10.00～18.00 休無休 Pなし
JR熱海駅から徒歩12分 MAP付録① B-2

1

2

3

1目と舌で季節を味わう「フルーツパフェ」1800円～。アイスクリームやケーキもパティシエの手作り 2ワンドリンク制。コーヒー・紅茶、ワインやオリジナルのブレンドハーブティもそろう 3青い海と空を前にのんびりと

青い海と空とフルーツパフェにときめく

Restaurant & Sweets花の妖精 レストランアンドスイーツはなのようせい

ホテルニューアカオ敷地内、錦ヶ浦の断崖に立つ絶景カフェ。全面ガラス張りの店内からは、遮るもののない相模湾が見渡せる。アートのように美しい季節のフルーツパフェをハーブティーとともに味わって。

カフェ ☎0557-82-2200 ⌂熱海市熱海1993-65
🕒10:00～16:00※ランチ11:00～15:00 休水曜、不定休
Pあり バス停錦ヶ浦下車すぐ MAP付録⑦ E-2

「熱海プリンカフェ 2nd」では、プリンと絞りたて和栗ペーストの「熱海 富士山モンブラン」も人気です。

大楠のパワーを浴びて 來宮神社で深呼吸しましょう

熱海を代表するパワースポットとして多くの参拝客が訪れる來宮神社。ゆっくりと時間が流れる境内をおさんぽしながら、心穏やかなひとときを過ごしましょう。

1重厚なたたずまいの本殿。縁起は1300年以上前 2神聖な空気に包まれるご神木周辺 3参拝の記念に御朱印を 4稲荷社に続く朱い鳥居が印象的 5周囲23.9m、高さ26m以上の大楠。幹の周りを一周すると心に秘めた願いが叶うとか

樹齢2100年超の大楠がお出迎え

來宮神社 きのみやじんじゃ

緑あふれる小路を抜けた先にあるのは、ご神木でもある大楠。国指定天然記念物で、その生命力あふれる姿は不老長寿や無病息災の象徴ともされている。近年では恋愛成就や禁酒祈願に訪れる参拝客も多い。境内にはお休みどころもあり、ゆったりと参拝できる。

神社 0557-82-2241 熱海市西山町43-1 境内自由 P あり JR来宮駅から徒歩3分 MAP 付録① A-2

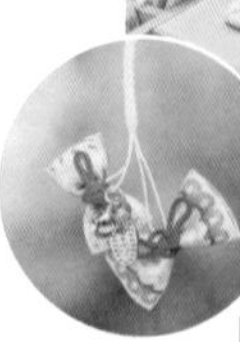

6授与所には、すっきりとしたデザインの「結び御守り」800円や「酒難除守」800円など、色とりどりのお守りがならぶ 72つの蝶結び型のお守りがかわいらしく揺れる「蝶縁結び御守り」1000円

1周で寿命が1年延びる？

樹齢2100年を超える來宮神社の大楠。約24mある幹の周囲を1周すると、1年寿命が延びると言い伝えられています。

境内をゆったりさんぽ

楠への小路
祝いや魔除けなどの意味をもつ植物・約6000株が植えられた小路を抜けると、大楠が姿を現す。

大楠 五社の杜
目の前に大楠が眺められる休憩処。菓子と抹茶のセットなどもいただける。
🕒10:00～16:30（茶寮 五色の杜）

ハート（猪の目）を発見

神職や巫女さんたちが毎朝落ち葉で作っている

Stand Café楠の香
熱海ビールやおつまみにピッタリの伊豆産メヒカリが人気の屋上のカフェ。「神前冷酒」935円は、飲み終わったら桝を持ち帰ることができる。🕒10:00～16:00

鳥居の結び葉
生ジュースや麦こがしソフトクリーム、熱海の地ビールなどを用意。
🕒10:00～16:30

来福スイーツって？

來宮神社の神様の大好物といわれている、麦こがし・橙・ところ・百合根。これらの食材を使い、境内のカフェや神社周辺の菓子店や飲食店が考案した。

「福こがし」140円

「大楠ロール」1カット300円

茶寮報鼓
ブレンド珈琲や熱海紅茶などとともに、麦こがしなどを使った来福スイーツを。「ホワイトモカ」660円なども人気。
🕒10:00 ～ 16:30（土・日曜、祝日は9:30 ～）

宮坂の結び葉
來宮神社から徒歩5分の場所にあり、熱海観光の拠点としても便利。

こちらもお参り

源頼朝と北条政子が結ばれた地

伊豆山神社 いずさんじんじゃ

伊豆の地名の由来ともなった神社で、信心する人に強い運気と人脈をもたらすとされている。頼朝が源氏再興を祈願し、北条政子との逢瀬の場にもしていたそう。

神社 ☎0557-80-3164 ⌂熱海市伊豆山708-1 🕒境内自由（御守授与所は9:00～16:00）Ⓟあり 🚶バス停伊豆山神社からすぐ MAP付録⑦ E-1

1

2

3

4

1森に包まれた本殿 2手水舎には神社のシンボル、赤白の二龍が。赤龍は地熱、白龍は水を表し、温泉の象徴とされる 3境内には頼朝と政子が座って恋を語ったとされる腰掛け石も 4おみくじを結んだようなかわいらしい「むすび守」800円

伊豆山神社には足利尊氏や徳川家康が必勝祈願したという言い伝えも。赤白の二龍が描かれた「強運御守」もあります。

熱海の絶景ベストフォトを求めて ACAO FORESTへ

**季節の花々が咲き誇るACAO FOREST。
花からふと視線を上げれば、海絶景が広がります。
最高のフォトスポットで旅のベストショットを撮影しましょう。**

家型の二人掛けベンチで背景を切り抜くデザイン

花と景色の
フォトジェニックな庭園

ACAO FOREST

アカオフォレスト

イングリッシュローズガーデンや日本庭園、ハーブガーデンなど、自然の地形を生かした個性あふれる13のガーデンで構成されている。高台にある見晴らし抜群のカフェ周辺には、絶景が楽しめるフォトスポットが続々登場。熱海の海景色のベストショットを収めることができる。

ガーデン ☎非公開 ⌂熱海市上多賀1027-8 ⏲9:00～16:00 休無休（最新の情報はHPで確認） ¥4000円（時期により変動） Pあり 🚶バス停アカオフォレストからすぐ MAP付録⑦ E-2

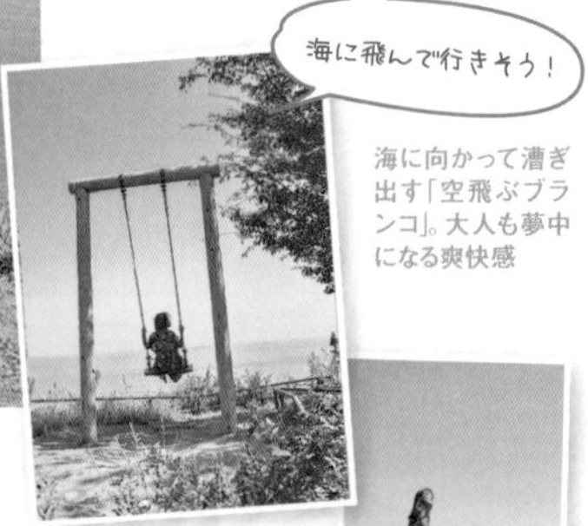

海に向かって漕ぎ出す「空飛ぶブランコ」。大人も夢中になる爽快感

「切り株ベンチ」はもともとあった切り株を使用

海を眺めながらリラックスできる「ハンモックベンチ」

5月下旬～6月上旬には約600種4000株のバラが見頃を迎える

早咲きのあたみ桜と菜の花のコラボに癒される

園内移動はシャトルバスで楽々

自然の地形を生かした園内には坂道も。最初に専用バスで一番上まで移動すれば、あとは下るだけのゆったりした散策が楽しめます。

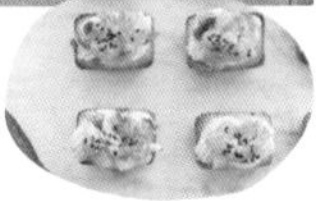

(上)店内からも青い海と空が眺められる
(右)「COEDAミニケーク」1個520円

見晴らし抜群の絶景カフェ

COEDA HOUSE コエダハウス

ガラス張りの建物は建築家・隈研吾が手がけた。木材をふんだんに使い、積み木のように重ねた店内も見ごたえ十分。

カフェ ☎非公開 ⏰9:30〜16:00
休ACAO FOREST休園日に準じる ※利用にはACAO FORESTへの入園が必要 MAP付録⑦ E-2

絶景のあとはショッピング＆グルメも楽しめます

ACAO ROSE SQUARE アカオローズスクエア

ACAO FORESTの入り口、国道135号沿いに佇む洋館が目印の複合商業施設には、地域の食と文化をテーマにした4店舗が並びます。 MAP付録⑦ E-2

herb house
ハーブハウス

熱海や伊豆の食品を中心にしたおみやげがそろうセレクトショップ。限定スイーツなども販売。

☎0557-52-3074 ⏰9:00〜17:00
休無休(季節により週1休)

薔薇堂
そうびどう

「毎日でも食べられる」をテーマにしたベーカリー。ハード系からソフト系まで、種類も豊富にそろう。

☎0557-52-3072 ⏰9:00〜 17:00
休無休(季節により週1休)

DONUT ROOM
ドーナツルーム

もっちりとした弾力と自然な甘みが特徴のドーナツ専門店。クリームやフルーツなど味も多彩。

☎0557-52-3071 ⏰9:00〜 17:00
休無休(季節により週1休)

CODA ROSSA
コーダロッサ

気取らずにおいしいパスタやワインなどを楽しめる、全席オーシャンビューのピッツェリア。

☎0557-52-3075 ⏰11:30〜 20:30
休無休(季節により週1休)

＼アート×美景×美食なら／

1円形ホールは日本最大級の万華鏡を天井にマッピング 2豊臣秀吉の黄金の茶室を再現

相模灘を望む美術館で感動体験

MOA美術館
エムオーエーびじゅつかん

相模灘を見渡す高台に建つ美術館。国宝や重要文化財も数多く収蔵している。レストランやカフェも充実し、上質なひとときが過ごせる。

ミュージアム ☎0557-84-2511 🏠熱海市桃山町26-2 ⏰9:30〜16:00 休木曜(祝日の場合は開館) ¥1600円 Pあり 🚶バス停MOA美術館からすぐ MAP付録⑦ E-1

スイーツもまさに芸術品

パティシエ鎧塚俊彦プロデュースのスイーツ店も併設

ムアスクエアからは相模灘を一望。春には桜も咲き誇る

MOA美術館では、国宝の尾形光琳筆『紅白梅図屏風』や能楽堂も見ごたえがあります。

myことりっぷ

熱海港から30分の船旅で
初島へプチトリップ

首都圏から最も近い離島・初島。
猫がのんびり散歩する島をぐるっとめぐり、
南国ムード満点の島時間を過ごしましょう。

1 レストランのテイクアウトコーナーで食事やスイーツを選んだら、お好みの席で休憩を(A)
2 3 トロピカルなドリンクやアジアンフードでリゾート気分も盛り上がる(A)
4 5 木よりも高い場所を進んでいくのでスリル満点。レンタルシューズ(有料)もあり(B)
6 日本で唯一の外側らせん階段がついた灯台。灯台資料館も併設している(C)

ハンモックに揺られ南国気分満点
A アジアンガーデン R-Asia
アジアンガーデンアールエイジア

亜熱帯の植物が茂り、広い芝生が心地よい南国ムードのガーデン。アジアンフードやカラフルなカクテルで非日常気分が満喫できる。

ガーデン ☎0557-67-2151 (PICA初島) 熱海市初島 9:00～16:00 (季節により異なる) 休 木曜 (GW、春休み、夏休み、年末年始は営業) ¥950円 初島港から徒歩10分 MAP 35

大人も興奮の本格アスレチック
B 初島アドベンチャー SARUTOBI
はつしまアドベンチャーサルトビ

ハーネスをつけて挑む新感覚のアクティビティ21種が楽しめる、樹上の自然体験施設。潮風を感じ、爽快な景色を眺めながら進む。

アスレチック ☎0557-67-1462 熱海市初島 10:00～15:30 (GW、夏期は9:00～) 休 木曜 (GW、夏期、年末年始は営業) ¥1900円 初島港から徒歩10分 MAP 35

島全体が見渡せる島のシンボル
C 初島灯台 はつしまとうだい

初島南東の丘陵に立つ、白色の小型灯台。らせん階段を昇れば、初島全体はもちろん、伊豆半島や富士山、房総半島まで見えることもある。

灯台 ☎0557-67-3100 (燈光会初島支所) 熱海市初島444 10:00～16:00 休 無休 (荒天時は除く) ¥ 資料館入館料300円 初島港から徒歩15分 MAP 35

初島でおみやげを買うなら

定番は、岩のりや、ところてんの元となるてんぐさなどの海産物。サザエや伊勢エビは発送してもらうこともできます。

遊歩道を歩いて島をぐるりと散策

島猫がお待ちかね

色とりどりの屋根がかわいらしい民宿街

グルメなら♪

磯料理 みやした《いそりょうりみやした》

港すぐの海岸通りには、新鮮魚介を使った海鮮グルメを提供する食堂がズラリ。鮮度抜群のネタを定食や丼でいただける。

みやした自慢の「三鮮丼」1800円

磯料理 ☎0557-67-1466 住熱海市初島217-7 ⏰11:00〜15:00 休不定休 初島港からすぐ MAP35

お風呂なら♪

海泉浴 島の湯《かいせんよくしまのゆ》

海が目の前に広がる

海を見ながらゆったりと露天風呂につかれば、海水成分がじんわり浸透していくよう。夏場は隣に海水プールがオープン。

入浴施設 ☎0557-67-2151（PICA初島） 住熱海市初島 ⏰10:00 〜 21:00（季節により異なる） 休木曜（GW、夏期、年末年始は営業） ¥900円 初島港から徒歩10分 MAP35

初島へのアクセスは

JR熱海駅から熱海港へはバスで10分。車の場合は近隣の有料駐車場へ。初島へは「イルドバカンス号」で約30分。熱海港始発7:30で最終の初島港発17:50まで1日7〜10往復、運賃は往復2800円です。

船上から見た熱海の風景はこんな感じ

泊まるなら♪

アジアンリゾートヴィラ

潮の香り、波の音に包まれながらグランピングが楽しめる。夜風にあたりながらのバーベキューは格別。冷暖房も完備しているので快適に過ごせる。

グランピング ☎0555-30-4580（PICAヘルプデスク） 住熱海市初島 ⏰IN14:00 OUT 11:00 休水・木曜（季節により異なる） 初島港から徒歩14分 MAP35

宿泊者は「海泉浴 島の湯」も利用可

伊東の温泉街をそぞろ歩き 商店街でとっておき探し

江戸時代から多くの湯治客でにぎわう温泉街、伊東。風情溢れる遊歩道を海までぶらりとおさんぽしたあとは、昔ながらの商店街でとっておきを探してみましょう。

ぐるっと回って 2時間

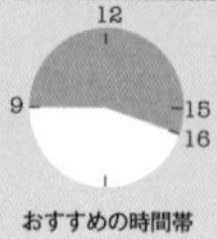

おすすめの時間帯

伊東大川（松川）の東側約1kmにわたって続く松川遊歩道。東海館の建物を見学したら、喫茶室でひと休み。モニュメントが並ぶ遊歩道を海辺まで散歩したら、商店街でおみやげ探しをしましょう。

松川の対岸からの姿も風格がある。4階の望楼からの景色もすばらしい

つやのある板張りの廊下にも歴史を感じる

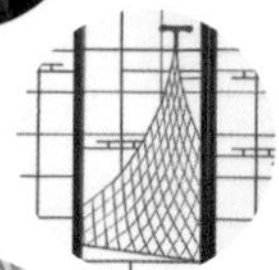
干し網のデザインが施された障子

お座敷の喫茶室では甘味がいただける

昭和3年開業の温泉旅館を見学

東海館 とうかいかん

観光・文化施設として残る、堂々とした和風建築の温泉旅館。室内の意匠も見事で、木で編んだ網代天井など貴重な技術が見られる。

歴史建築 ☎0557-36-2004
伊東市東松原町12-10
9:00～21:00 休 第3火曜（祝日の場合は翌日休）¥200円
P なし JR伊東駅から徒歩7分 MAP37

潮風が心地よい彫刻公園

なぎさ公園 なぎさこうえん

松川河口の海浜公園。多くの彫刻作品が設置され、まるで野外美術館のよう。芝生が広がる穏やかな公園で、遠く初島の眺めも爽快。

公園 ☎0557-37-6105（伊東観光協会）
伊東市東松原町178-36 入園自由
P あり JR伊東駅から徒歩15分 MAP37

彫刻には自由に触れることができる

柳がそよぐ、松川沿いの遊歩道をのんびりと

静岡県最古の交番建物

交番をそのまま利用した観光案内の拠点

緑の芝生公園に彫刻作品が点在

温泉街からもすぐのビーチ

伊東オレンジビーチ

いとうオレンジビーチ

なぎさ公園隣、波の穏やかな遠浅のビーチ。海岸遊歩道が整備され、宿泊施設からのアクセスもよい。夏の花火大会の会場でもある。

フェニックスが揺れ南国ムードが漂う

ビーチ ☎0557-37-6105（伊東観光協会）伊東市松川・松原 散策自由、海水浴は7月上旬～8月下旬 P あり JR伊東駅から徒歩5分 MAP37

ここでひと休み

昔懐かしい伊東の名物ソフト

スイートハウスわかば

毎日釜炊きで手作りしているなめらかな口当たりのソフトクリームが人気。

スペシャルアラモード 1050円

喫茶 ☎0557-37-2563
伊東市中央町6-4
9:00～21:00
休 月曜（祝日の場合は営業） P なし JR伊東駅から徒歩7分 MAP 37

伊東ゆかりの彫刻家作品

「なぎさ公園」の敷地内には、伊東市に住む彫刻家・重岡建治氏の作品が19点ほど、「按針メモリアルパーク」にも同氏の作品が飾られています。

賑やかで昔懐かしい商店街

湯の花通り商店街

ゆのはなどおりしょうてんがい

伊東駅前から延びる、長く愛されている商店街。その先のキネマ通りや周辺の通り沿いにも多くの店がある。

おみやげ探しにピッタリ

商店街 ☎0557-37-6105（伊東観光協会） 伊東市湯川
店舗により異なる P なし JR伊東駅からすぐ MAP 37

松田椿油店

まつだつばきあぶらてん

伊豆諸島の利島で取れる、純度100%の椿油を量り売りで販売。

椿油 60cc 1000円

椿油 ☎0557-37-3812
伊東市猪戸1-1-18
10:00～18:00 休 水曜
P あり JR伊東駅から徒歩5分 MAP 37

梅家湯の花店

うめやゆのはなてん

ホール・イン 2個入り 250円～

伊東名物でもある、ゴルフボールを形どった「ホール・イン」が有名。

和洋菓子 ☎0557-37-9111 伊東市湯川1-14-9 8:30～17:00（火曜は10:00～14:00） 休 水曜 P なし JR伊東駅から徒歩3分 MAP 37

裏路地にも発見

干物詰合せ 3830円

長平鮮魚店

ちょうへいせんぎょてん

湯の花通りの一本裏の道。車海老や金目鯛の干物などがそろう干物店。

干物 ☎0557-37-2834 伊東市湯川1-11-3 9:30～17:00（併設のバーは11:00～） 休 火曜（バーは12月休） P なし JR伊東駅から徒歩7分 MAP 37

文寿堂菓子店 ぶんじゅどうかしてん

湯の花通りと猪戸通りの交差点のそば。「湯猪最中」は60年以上前から販売するロングセラー。

角を曲がると…

湯猪最中 1個140円

和菓子 ☎0557-37-3293 伊東市猪戸1-2-3
9:00～17:00 休 水曜（時期により変動あり）
P なし JR伊東駅から徒歩7分 MAP 37

伊東市内にある「伊東七福神の湯」は7つの共同浴場。入口にはそれぞれ七福神が祭られています。

水辺の美景にほっと一息
小室山と一碧湖で過ごす上質時間

小室山山頂をぐるっと散策できるボードウォークからの海絶景と、「伊豆の瞳」と呼ばれ、自然に囲まれた湖畔散策ができる一碧湖。美景に囲まれ、ゆったりとしたひと時が過ごせます。

小室山とは?

標高は321m、約1万6000年前の火山噴火によってできた山。山頂へはリフトのほか、徒歩でも登ることができる。

海に向かって突き出た展望ブリッジはカフェ利用者のみ立ち入れる

地形を生かした山頂の遊歩道

小室山リッジウォーク "MISORA"

こむろやまリッジウォークミソラ

小室山山頂へは一人乗りの小さなリフトで約5分。山頂には地形に沿って、相模灘や伊豆諸島、富士山などの絶景が望めるボードウォークを整備。その全長は166.3mで、遮るもののない360°の大パノラマが広がる。

景勝地 ☎0557-45-1444 伊東市川奈1428 🕒9:30〜16:00 休 無休（荒天時リフト運休） ¥リフト往復800円 P あり 👣バス停小室山下車すぐ MAP 付録⑦ F-3

小室神社で
旅の安全を祈願

春にはツツジで
一面ピンクに

カフェの上部が小室山の最高地点

1 山頂の景観になじむカフェ 2 MISORAヨーグルトフラッペ各700円 3 ガラス張りの店内からも広がる絶景を楽しめる

絶景に溶け込む展望デッキで絶景を独り占め

Café ● 3 2 1

カフェサンニイイチ

山頂にある全席オーシャンビューのカフェ。本格派のブレンドコーヒーや、写真映えするようなオリジナルドリンク片手にほっと一息つきながら、じっくり絶景を楽しんで。

カフェ 🕒9:30 〜 16:00 休 無休（リフト運休時は休業の場合あり） MAP 付録⑦ F-3

ここにも立ち寄り

優雅なアフタヌーンティーを

川奈ホテルティールーム
サンパーラー

かわなホテルティールームサンパーラー

日本を代表するクラシックホテル内のティールーム。季節ごとのスイーツが並ぶアフタヌーンティーを楽しんだら、歴史を感じる館内や庭園を散策して。

カフェ ☎0557-44-6060 伊東市川奈1459 川奈ホテル 🕒10:30〜17:30 休 無休 P あり 👣伊豆急行川奈駅から車で5分 MAP 付録⑦ F-3

1 アフタヌーンティ 4800円 2 窓の外には名門ゴルフコースの緑が広がる

ボートレンタルして湖さんぽ

TERRACE CAFE IPPEKIKOではローボート30分1200円、ペダルボート30分2000円などがレンタルできます。

一碧湖とは？
約10万年前の噴火でできた火口湖で、周囲は4km。湖畔には遊歩道が整備され、四季折々の表情を楽しめる。

一碧湖ソフト（ミックス）480円はほんのり塩味

湖の周辺は自然豊かな散策路が整備されている

湖畔での時間を充実させるカフェ

TERRACE CAFE IPPEKIKO テラスカフェイッペキコ

ボートの貸し出しなどもある、一碧湖畔のカフェ。風が心地よいテラス席からは湖を一望でき、ソフトクリームやドリンクなどを提供。旅行関連の本が並ぶブックカフェでもある。

カフェ ☎0557-45-0101 伊東市吉田815-99 ⏰9:00～16:00（土・日曜、祝日は7:00～） 休 無休 P あり バス停一碧湖から徒歩3分 MAP 付録② B-1

レトロなキーホルダーや一碧湖限定のTシャツなどのグッズが並ぶ

ふわふわパンケーキが人気

Mahana feat.木梨サイクル

マハナフィーチャリングきなしサイクル

東京の祖師谷商店街の「木梨サイクル」とコラボしたカフェレストラン&限定グッズショップ。パンケーキやボウルメニューがそろう。

カフェ ☎0557-29-6266 伊東市吉田815-121 ITONOWA 2F ⏰10:00～17:00（土・日曜、祝日は9:00～） 休 無休 P あり バス停一碧湖から徒歩3分 MAP 付録② B-1

食事・買い物・足湯までそろう

ITONOWA イトノワ

オリジナルのお菓子や地元ならではのおみやげが並ぶショップと、和スイーツや焼きおにぎりなどを提供するフードラウンジがある。ペット同伴可のスペースも。

カフェ・ショップ ☎0557-29-6255 伊東市吉田815-121 1F ⏰10:00～17:00（土・日曜、祝日は9:00～） 休 無休 P あり バス停一碧湖から徒歩3分 MAP 付録② B-1

湖を望む場所に足湯を設置。焼きおにぎりや抹茶ティラミスなどのメニューがそろう

一碧湖を望む
ホテル&カフェへ

洗練された空間と
湖の美景を楽しむ

EASE IPPEKI

イーズイッペキ

一碧湖を望む高台にあるホテル。テラスデッキから一碧湖を眺めながら、リラックスしたひと時が過ごせる。併設のカフェはミニマルに整えられた上質な空間でビジター利用可能。

ホテル ☎非公開 伊東市吉田815-44 ⏰IN16:00 OUT 11:00、カフェは12:00～17:00 休 火・水曜（祝日の場合は変動） ¥ 1泊朝食・フリーフロー付38000円～ P あり バス停一碧湖からすぐ MAP 付録② B-1

1 テラスデッキからは刻々と変わる一碧湖の景色を堪能できる 2 スパイスを利かせたシーフードカレー「碧のカレーセット」1500円

EASE IPPEKI併設のカフェ・EASE CAFEの「碧のカレーセット」は一碧湖と大室山をイメージしています。

自然豊かな伊豆のシンボル 爽快絶景スポットへ

お椀を伏せたような印象的な形の大室山。
紺碧の海が輝く断崖絶壁の城ヶ崎海岸。
どちらも伊豆を代表する、大自然の絶景がお待ちかねです。

1麓からの姿も印象的。春は山裾が桜でピンクに染まる 2意外な高さと急勾配にドキドキ 3火口のアーチェリー場は誰でも挑戦できる。入場料500円、道具代1セット2000円（60分） 4例年2月に行われる山焼きは伊豆に春を告げる風物詩 56お鉢めぐりは1周約20分。晴れていれば富士山も望む

伊豆高原の自然ランドマーク

大室山 おおむろやま

標高580mのすり鉢状の山。その姿はまさに伊豆のシンボル的存在。山頂へはリフトで片道6分。そこに広がる大パノラマは麓の別荘地や伊豆半島、遠くは伊豆諸島や富士山、房総半島まで見渡せる。火口跡を1周する「お鉢めぐり」をしながら伊豆の絶景を楽しんで。

景勝地 ♪0557-51-0258（池観光開発） 伊東市池672-2 見学自由（リフトは9:00～17:00、10～2月は～16:00） ¥リフト往復1000円（荒天時運休） Pあり バス停シャボテン公園からすぐ MAP付録② A-2

おすすめ立ち寄りスポット

動物たちがのびのび暮らす動植物園

伊豆シャボテン動物公園

いずシャボテンどうぶつこうえん

約1500種のサボテンや多肉植物、約140種の動物たちと出会える。ガイドとともに大池をめぐるアニマルボートツアーズは国内でここだけの貴重な体験。

島に上陸してふれあいもできる

テーマパーク ♪0557-51-1111 伊東市富戸1317-13 9:30～17:00（11～2月末は～16:00） 休無休 ¥2700円（土・日曜、祝日、繁忙期は変動） Pあり バス停シャボテン公園からすぐ MAP付録② A-2

もう一つの吊り橋「橋立つり橋」

「門脇つり橋」より南にある、高さ18m、長さ60mの「橋立つり橋」。天然磯プールや柱状節理なども見られます。MAP付録② B-4

1 海面からの高さ23m、長さ48m、幅1.5mの「門脇つり橋」 2「門脇埼灯台」の第一展望台は地上17mの高さ。※入場不可の場合あり 3 目もくらむような光景が足元に広がる 4 波の浸食によってできたダイナミックな海岸線。散策コースも整備されている

足元に波が押し寄せる圧巻の海絶景

城ヶ崎海岸 じょうがさきかいがん

入り組んだ海岸線に、ユニークな名がついた入り江や岬が続く城ヶ崎海岸。門脇駐車場近くにある、海上に架かる門脇つり橋からの絶景は特にスリル満点。断崖絶壁に打ち付ける白波は迫力があり、自然のパワーが感じられる。すぐそばにある灯台からの眺めも素晴らしい。

景勝地 ☎0557-37-6105（伊東観光協会）⌂伊東市富戸 ⓛ散策自由 Ⓟあり 🚶伊豆急行城ヶ崎海岸駅から徒歩30分 MAP付録② C-3

おすすめ立ち寄りスポット

ステンドグラスと花々の美の競演

ニューヨークランプミュージアム＆フラワーガーデン

アンティークティファニーのステンドグラス作品など約80点を展示。四季折々の花が咲くガーデンからは城ヶ崎海岸の絶景も楽しめる。

ミュージアム ☎0557-51-1128 ⌂伊東市富戸841-1 ⓛ9:30～17:00(11～2月は～16:00) 休無休 ¥1500円(土・日曜、祝日、繁忙期は変動) Ⓟあり 🚶バス停伊豆海洋公園からすぐ MAP付録② C-3

約120年前に作られたランプが輝く

伊豆急行富戸駅から城ヶ崎をめぐる散策コースのなかでも、海岸線の約3kmは城ヶ崎ピクニカルコースとして整備されています。

心地よい緑に囲まれて伊豆高原でかわいいもの探し

伊豆高原には小さな美術館や個性的なお店が点在しています。大室山の麓のかわいいお店へ、おいしいもの、ステキな雑貨、世界に一つの作品を見つけに行きましょう。

ぐるっと回って
240分

おすすめの時間帯

伊豆高原の散策にはバスが便利。東海バスの「伊豆高原・城ヶ崎1日券」なら900円でフリー区間が1日乗り降り自由。伊豆高原駅からは毎時1～2便程度のバスが運行しています。

1

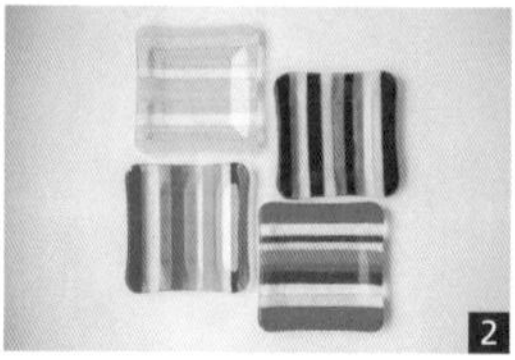

1フュージングの「ペンダント」2200円～、「ピアス」1980円～ 2「ガラスプレート」各4400円。製作体験は2750円～。詳細は問合せを

2

1生活雑貨、衣料品やバッグなど種類も豊富 2「アニマルソープストーン小物入れ」大3700円、小2420円

1うわぐすりは、黄色やピンクなどカラフルな色みも選べる 2緑豊かな中庭には、心地よい風が吹き抜ける

3

電動ろくろの体験コースは3500円～。所要時間は1時間ほど

1

繊細でカラフルなガラス細工

FLAT CREW K÷N=LABO.

フラットクルーケイエヌラボ

色ガラスを組み合わせるフュージングやバーナーワークで作られるガラス細工は、職人歴20年以上のオーナーの手によるもの。手作り体験もできるのでオリジナルのおみやげづくりにも。

雑貨屋 ☎0557-54-5336
伊東市池685-81
11:00～16:00（土・日曜は10:00～17:00）
休 不定休 P あり
伊豆急行伊豆高原駅から車で10分
MAP 43

2

フェアトレードの素朴な雑貨

LOLO Sitoa

ロロシトア

大室山の麓にあるセルフビルドのログハウス。店内にはネパールを中心とした途上国のフェアトレード、エシカル製品がところ狭しと並ぶ。ぬくもりあふれる雑貨はどれも手作りの一点もの。

雑貨屋 ☎0557-51-5227
伊東市大室高原1-466
昼頃～夕方 休 不定休
P あり
バス停シャボテン公園から徒歩7分
MAP 43

3

伊豆旅の思い出を陶芸で形に

えんのかま

茶碗や小皿など見本を参考に、電動ろくろや手びねりでの成形と、うわぐすりの色選びを体験できる陶芸工房。約1か月半後に乾燥・焼き上げを経た作品が届くまで、楽しみが続く。

陶芸体験 ☎0557-51-8069
伊東市富戸1317-1053
9:30～16:00
休 無休 P あり
バス停理想郷東口からすぐ
MAP 43

電車の待ち時間に足湯でほっこり

伊豆高原駅の桜並木口には24時間利用可能な足湯があります。駅構内の売店でハンドタオルを購入して、電車までの時間も楽しみましょう。

4

1コレクション鑑賞後はカフェでランチを 23現代アートギャラリー、ツーリストインフォメーションを併設。クラフト作品の販売もしている

5

1ランチのベジタブルプレート1500円 2梅ヶ島チャイシロップ紅茶・ほうじ茶各1490円はおみやげに 3自然食品やおやつも販売

6

1クマたちがお出迎え 2かわいいクマたちのジオラマが今にも動き出しそう 3カフェでは自家製のプディングやラテを

4

城ヶ崎の魅力が詰まった雑貨屋

雑貨屋Bouillon

ざっかやブイヨン

「りんがふらんか城ヶ崎文化資料館」に併設の雑貨店。オリジナルTシャツや地元作家の一点ものの作品など、一味違ったおみやげ探しにもピッタリ。

雑貨屋 ☎080-4125-6850
⌂伊東市八幡野1156
⏱10:00～16:00
休 月・火曜（祝日の場合は営業）P あり
伊豆急行伊豆高原駅から徒歩9分
MAP 43

5

体にやさしいきちんとごはん

自然食ごはん nodoca

しぜんしょくごはんノドカ

玄米ごはんと新鮮な旬の野菜がたっぷり味わえる。無農薬・無肥料に近い野菜など上質な食材とシンプルな調理法で作るデリは、東京にお店があった時から評判の味。

自然食 ☎0557-27-2133 ⌂伊東市八幡野1061-3 ⏱8:00～15:30頃（朝ごはんは～11:00、ランチは10:00～15:00頃）
休 火・木曜（祝日の場合は営業）P あり
伊豆急行伊豆高原駅から徒歩10分
MAP 43

6

世界のテディベアが大集合

伊豆テディベア・ミュージアム

いずテディベアミュージアム

1995年に誕生したテディベア専門のミュージアム。世界各国のテディベアが展示されており、なかには歴史的に貴重なベアも。ショップやカフェも併設し、企画展も行う。

美術館 ☎0557-54-5001
⌂伊東市八幡野1064-2 ⏱9:30～16:30
休 無休（2・3・12月は第2火曜、6月は第2火・水曜休、祝日の場合は開館）P あり
伊豆急行伊豆高原駅から徒歩9分
MAP 43

伊豆高原のベストシーズンは春と秋。3月下旬～4月上旬は桜並木の満開の桜、秋は大室山のススキが黄金色にたなびきます。

伊豆高原の清々しい空気と木々の緑
眺めのいいカフェでリフレッシュ

伊豆高原で旅の途中に、ほっとひと息つくなら
自然に囲まれた爽やかな風が流れるカフェがおすすめです。
ティータイムはもちろん、ランチに立ち寄っても。

1 居間でくつろぐように過ごせる店内
2 お菓子は日替わりで3種類を用意
3 外観も白で統一
4 カレーは野菜、魚、肉の3種類を用意。1000円～

白い空間でいただくカレーとお菓子

白き ‖伊豆高原‖ しろき

季節の野菜や天城の鹿など地元の食材を使ったカレーは、スパイスを利かせながらもマイルドな辛さ。つけ合わせもすべてインド料理。カフェタイムはドリンクと日替わりお菓子でゆったり過ごして。

☎非公開 ⌂伊東市富戸1317-2904 ⏰10:00～16:00
休日～火曜 Pあり 🚶バス停先原三里からすぐ
MAP付録② B-2

1 木漏れ日が心地よいテラス席 2 ブルーチーズと蜂蜜のトリュオンフ440円 3 サンドイッチは605円～。ドリンクはセットで150円引き 4 木立に囲まれて建つ 5 天然酵母やサワー種使用の本格パン

厳選素材の焼きたてパンが香る

ル・フィヤージュ ‖伊豆高原‖

静かな森の奥にたたずむベーカリーカフェ。フランスパンやドイツパンなどさまざまな種類がそろう。生地から具材まで手作りで、添加物は不使用。11～14時のランチタイムは混み合うので、早めに訪れて。

☎0557-53-3953 ⌂伊東市八幡野1305-75
⏰9:00～17:00（カフェは～16:00） 休火曜 Pあり 🚶伊豆急行伊豆高原駅から徒歩15分 MAP付録② B-3

テイクアウト＆雑貨もチェック

ル・フィヤージュのパンやHAPPAYAの雑貨など、カフェだけではないプラスαの楽しみができるお店がこのエリアにも増えてきました。

1

2

1 生ハムサラダ1070円。おろしたてのグリエールチーズを贅沢にトッピング　2 塩バターキャラメル580円
3 季節の草花やハーブで覆われたガーデン
4 葉っぱをモチーフにした雑貨ショップを併設

3

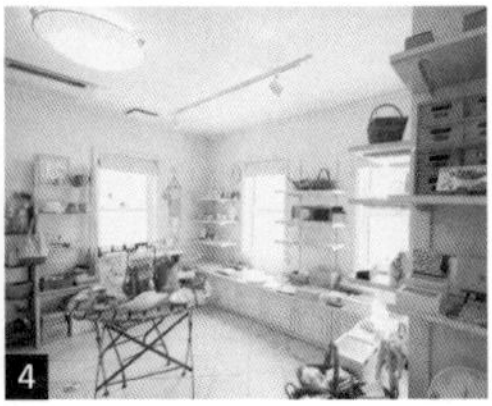
4

本場仕込みのあつあつガレットを

HAPPAYA ‖伊豆高原‖ハッパヤ

オーナー夫妻が渡仏し、ブルターニュのクレーピエから学んだ本場仕込みのガレットがいただける。食事系ガレットは12種720円～、デザート系クレープは15種480円～。盛り付けも華やかで目にもおいしい一品。

☎0557-51-0268 伊東市大室高原3-600 3月～5月と9～12月、11:30～15:30 休 期間中火～木曜 P あり
バス停理想郷東口から徒歩4分 MAP 付録② B-2

1

1 スコーン2個とドリンクがセットになった「クリームティー」1200円～
2 テラス席のみペット同伴可
3 4 店内は、イギリスの田舎にあるティールームをイメージ

2

3

4

イギリスを思わせる静かで瀟洒なカフェ

カフェ ブリッジ ‖伊豆高原‖

スコーンと紅茶で英国スタイルのティータイムを満喫できるカフェ。外側はサクサク、中がふわふわのスコーンに、濃厚なクロテッドクリームをつけて食べるのがイギリス流。ドリンクはコーヒーも選べる。

☎0557-51-6903 伊東市富戸842-134 11:00～16:00
休 水～金曜、不定休あり P あり 伊豆急行城ヶ崎海岸駅から徒歩20分 MAP 付録② C-3

伊豆高原のカフェはワンちゃんOKのお店も多く、愛犬家にも人気。マナーを守って楽しみましょう。

伊豆高原の名店でいただく 伊豆の地魚レストランランチ

**駿河湾や相模灘から水揚げされたばかりの地魚に
とれたての地元野菜をあわせた豪華ランチ。
ちょっぴり贅沢に伊豆の食材を味わいましょう。**

フレンチの巨匠がプロデュースした地中海料理

ミクニ伊豆高原 ‖八幡野‖ミクニいずこうげん

「オテル・ドゥ・ミクニ」オーナーシェフの三國清三がプロデュース、建築家・隈研吾が設計を手掛けたレストラン。地元で水揚げされた魚介や太陽をたっぷり浴びて育った野菜を使い、フランスで研鑽を積んだ佐々木シェフが腕を振るう地中海料理が、目と舌を楽しませてくれる。相模灘を望みながら、口福なひとときに浸って。

地中海料理 ☎0557-54-3920
伊東市八幡野1172-2
11:00～19:00 休 不定休
P あり
伊豆急行伊豆高原駅からすぐ
MAP 付録② B-4

MENU

ランチ&ディナーコース
7260円・
10890円・
13310円・
15730円

1 全4品のランチコース「海の輝き」7260円。メインは、伊東漁港直送鮮魚と三島産トマトのインボルティーニ 2 静岡県産富士山サーモンとホタテ貝のムース、伊豆産小松菜のパイ包み焼き カレー風味のベアルネーズと赤ワインソース 伊豆高原温泉そだち野菜のメスクラン（コース料理一例） 3 開放的な店内から相模灘を一望 4 フランス産フォアグラとドライフルーツのガトー仕立て 伊豆高原温泉そだち野菜のサラダ（コース料理一例） 5 全面ガラス張りで木組みの建物が印象的

別荘地ならではの名店ぞろい

別荘地でもある伊豆高原エリアは舌の肥えたお客さんも多く、そんな人たちを満足させる本格的な料理を提供する店が集まっています。

コンテンポラリーフレンチと静岡茶のティーペアリング

レストラン やまもも ‖八幡野‖

静岡県産の旬の食材を活かした料理一皿ごとに最良の静岡茶をペアリングするティーペアリングメニューが人気。日本茶の繊細な香りや味わいが、創作フランス料理のおいしさをさらに引き立たせてくれる。お酒が飲めない人にもおすすめ。

フレンチ ☎0557-53-1170
伊東市八幡野1741-42
11:00～14:00、17:30～19:00
休 無休 P あり
伊豆急行伊豆高原駅から車で5分
MAP 付録⑦ F-4

MENU
ランチ(ティーペアリングメニュー)
6380円～
ディナーコース
14520円～

1 建物の1階にはフロア席と茶室がある 2 料理4皿×静岡茶のマリアージュを楽しめるティーペアリングメニュー

MENU
日替り本日のパスタ4種
単品バケット付き 1100円～
サラダ&ドリンクセット 1600円
※祝日、繁忙期はサラダ&ドリンクセットのみ

1 伊勢海老トマトクリームソースの生パスタ3680円は10食限定 2 城ヶ崎海岸駅のほど近く。ミニガーデン付きのテラスが目印

新鮮魚介と自家菜園ハーブを使ったイタリアン

イタリア料理 デルフィーノ ‖富戸‖イタリアりょうりデルフィーノ

地元漁港で水揚げされる魚介類をふんだんに使用したイタリア料理を堪能できる。ランチは魚介と旬の野菜を使った本日のパスタが人気。テラス席も気持ちがよい。

イタリアン ☎0557-51-2244 伊東市富戸911-4
11:30～15:30、17:30～20:30 休 火曜 P あり
伊豆急行城ヶ崎海岸駅から徒歩3分 MAP 付録② C-3

伊豆の旬食材にこだわったイタリアン

イタリア料理 B-gill ‖伊豆高原‖イタリアりょうりビーギル

一碧湖近くの緑の中にあるレストラン。伊豆の漁港の朝獲れ魚や地元農家のおいしい野菜など、旬の食材をはじめ、シェフおすすめのステーキや国産肉も味わえる。

イタリアン ☎0557-44-1387
伊東市十足614-204 11:30～14:30、18:00～22:00(夜は予約制)
休 水曜 P あり バス停池田美術館からすぐ MAP 付録② B-1

1 人気の「手長海老の生パスタ」1680円(数量限定)、前菜サラダ、デザート、ドリンク付 2 高原のリゾートらしい店内

MENU
地シラスピッツア
1220円
パスタセット
1260円～
その日のブルスケッタ(2枚) 385円
※すべてランチ

ランチはアラカルトもいいですが、伊豆の食材が何皿も楽しめるコースもおすすめ。できれば予約して当日を楽しみに待ちましょう。

気軽に立ち寄りできる海を一望する露天風呂

伊豆に来たなら温泉、それも海を眺める露天風呂の気持ちよさはぜひ味わってみたいもの。日帰りでも楽しめる、絶景露天風呂を紹介します。

空と海の大パノラマが迫る

赤沢日帰り温泉館

‖伊豆高原‖あかざわひがえりおんせんかん

海との一体感が味わえる眺望露天風呂に、窓一面の絶景が見える内湯やサウナを備えた大型日帰り温浴施設。貸し切りで使用できる露天風呂付個室も。温泉以外にも、タイ古式マッサージや海の見えるレストランでの食事も楽しめる。

☎0557-53-2617 ⌂伊東市赤沢字浮山170-2 🕒10:00～21:00 休不定休 Pあり 🚶伊豆急行伊豆高原駅から無料送迎バスで15分 MAP付録⑦ F-4

1水平線までさえぎるものがなく、開放感あふれる眺望が魅力 2レストランは、テーブル、座敷、掘りごたつが選べる 3湯桶をイメージした「湯めぐり海鮮手桶丼」

information

料金：1600円（繁忙期は2000円）※0～3歳は入浴不可　時間制限：なし 無料休憩室：あり 貸切風呂：あり（1時間2800円、土・日曜、祝日、繁忙期は3500円）　アメニティ：タオル・バスタオル貸出無料

熱海の街と海を一望する露天風呂

秀花園 湯の花膳

‖熱海‖しゅうかえんゆのはなぜん

全室が海側に面し、熱海の海をゆったりと眺められる全客室、湯処海側の旅館。屋上には海を真下に臨む露天風呂が2つあり、どちらも熱海市街と海が眺められる。特に夕暮れの時間帯には宝石のように美しい景観が楽しめる。

☎0557-83-5151 ⌂熱海市和田浜南町7-13 🕒14:00～18:00（要事前確認）休不定休 ¥1泊2食付（2名1室/1名分）平日21650円～ P宿泊者のみ利用可 🚶JR熱海駅から車で7分 MAP付録① C-4

1屋上露天風呂の「月下美人」。熱海の海を一望　2壺風呂「月の里」も立ち寄りで楽しめる　3昼食付プラン6600円～（20名から要予約）

information

料金：2350円（入浴は1人1回限り）　時間制限：入浴のみ14:00～18:00、食事付プラン11:00～15:00（20名から）　無料休憩室：なし　貸切風呂：なし　アメニティ：タオル無料、バスタオル貸出無料

泉質は地域によって変わります

泉質は源泉の湧く場所によって変化します。熱海・伊豆高原・網代は塩化物泉のお湯が代表的。浴室の成分分析表をチェックしてみましょう。

露天風呂で海の眺めを独占

竹林庵 みずの

‖網代‖ちくりんあんみずの

正面に初島を望む網代山の高台にたたずむ旅館。四季折々の花が咲く庭園を散策しながら足湯や露天風呂が楽しめる。おすすめは大きな窓が特徴の「眺め湯」。大きな湯船から海と空が眺められ、開放感満点。

☎0557-67-2643 住熱海市網代627-363 時13:00～19:00（要問合せ、貸切風呂は13:00～）休不定休 Pあり ¥1泊2食付(2名1室/1名分)平日44000円～ 交JR網代駅から車で7分 MAP付録⑦ F-2

1自家源泉から引く湯は、塩化物泉。関節痛や疲労回復、美肌効果に優れるメタケイ酸含有 2露天風呂付客室「別邸けやき」 3足湯「雲上」

information

料金：1人3000円（要問合せ、宿泊者は無料） 時間制限：60分 無料休憩室：なし 貸切風呂：貸切のみ（2名から要予約） アメニティ：タオル（買い取り）100円、バスタオル（レンタル）200円

大海原と一体化する露天立ち湯が爽快

ATAMI BAY RESORT KORAKUEN

‖熱海‖アタミベイリゾートコウラクエン

ホテル、スパ、フードマーケットがそろう複合型リゾート。日帰り温泉施設「オーシャンスパ Fuua」は、海一望の絶景露天立ち湯や温活施設、多彩な休憩エリア、カフェもあり、1日楽しめる。

☎0557-81-0041（熱海後楽園ホテル）住熱海市和田浜南町10-1 時9:30～18:00（受付時間）休不定休、メンテナンス休業あり ¥1泊2食(2名1室/1名)18700円～ Pあり 交JR熱海駅から無料シャトルバスで10分 MAP付録① C-4

1全長約25mの露天立ち湯。目の前には熱海の海が広がり、天気が良ければ初島も望む 2水の流れる音が聞こえる「オーシャンラウンジ」 3オリジナルドリンクや軽食がそろうカフェも

information

料金：基本料金平日3080円 時間制限：なし 無料休憩室：あり 貸切風呂：なし アメニティ：館内着・タオル・バスタオル貸出は基本料金に含む

立ち寄り入浴のできる宿の多くは昼食付入浴プランを用意しています。帰る日のお昼の予定に組み入れてみるのもおすすめです。

個性豊かで景色も魅力
目的別で選ぶ熱海の宿

**長年愛されるつつ進化を続ける老舗ホテルや、
贅沢ステイを満喫できるニューオープン宿まで、個性あふれる熱海の宿。
誰と行くか、どう過ごすかなど、目的別に合わせて選べる多彩さが魅力です。**

1テラスリビング付きスイートは6人まで宿泊可 2冒険心をくすぐるクスノキのツリーハウス 3湯冷めしにくい泉質の半露天風呂「明星の湯」 4最上階のソラノビーチ。約1000冊の本が並びドリンクと共に楽しめる

グループ利用にぴったりなテラスリビングが人気
星野リゾート　リゾナーレ熱海
ほしのリゾートリゾナーレあたみ

高台に建ち熱海の街並みと相模灘を一望。屋外テラスや開放的なリビングを備えた部屋でゆっくり過ごせる。最上階のカフェや森の中のツリーハウス、客室に用意された線香花火など、ここならではの仕掛けがいっぱい。

☎050-3134-8093（リゾナーレ予約センター）住熱海市水口町2-13-1 時IN15:00 OUT12:00 室和洋81 Pあり 交JR熱海駅から車で20分（熱海駅から送迎バスあり、定時便）MAP付録⑦ E-1

宿泊プラン
**スタンダード（朝食付き）プラン
1泊朝食付
（2名1室／1名分）
30650円～**

1デラックスオーシャンビューの客室 2天空の船をイメージした露天風呂 3テラスから熱海海上花火大会を一望 4プライベート感あふれるガゼボではドリンクや軽食を提供。夕刻にはキャンドルが灯り幻想的

上質な空間ともてなしで日常から解放される
熱海パールスターホテル
あたみパールスターホテル

海に面した絶好の立地で、和モダンな日本の美が行き届いたホテル。最上階の露天風呂は全長12mのインフィニティバス。空と海との一体感に癒やされる。ガゼボやスパトリートメントもあり、大人のくつろぎに満ちている。

☎0557-83-5489 住熱海市東海岸町6-45 時IN15:00 OUT12:00 室洋48、和洋39 Pあり 交JR熱海駅から徒歩10分 MAP付録① C-2

宿泊プラン
**［公式ベストレート］
シンプルステイ
1泊朝食付
（2名1室／1名分）
39355円～**

熱海海上花火大会の特等席

市内の多くの宿からも観覧可能な花火大会。夏だけでなく、一年を通じて10回ほど開催されるので、開催日に宿泊するなら早めの予約がおすすめ。

1 全496席のメインダイニング錦。扇状の客席はまるで劇場のよう 2 ホテルに3か所ある温泉のひとつ、段々湯からは日の出が見られる 3 デラックスツインの客室 4 夕食のフレンチの一例。地産地消に力を入れている

圧巻の豪華さとクラシックな魅力を堪能

ホテルニューアカオ

錦ヶ浦の岸壁に建ち、海を一望するリゾートホテル。老舗として親しまれてきたホテルが2023年にリニューアル。シャンデリアや大理石、昭和レトロな趣のレストラン、豪華サロンなどが迎えてくれる。

☎0557-83-6161 住熱海市熱海1993-250 時IN15:00 OUT10:00 室洋43、和193、和洋22、その他92 P あり 交JR熱海駅から無料送迎バスで10分 MAP 付録⑦ E-2

宿泊プラン
ビュッフェプラン
1泊2食付
(2名1室／1名分)
15800円～

1 喧騒から離れた立地とモダンなデザインが調和する 2 たっぷりの湯が張られた大浴場。柑橘や和漢植物を用いた季節湯(不定期)もある 3 漢方家が監修するお茶やお酒を用意 4 広いリビングを備えたプレミアツインの客室

自然に身をゆだねて素の自分を取り戻す時間

SOKI ATAMI

ソキアタミ

熱海に根づく湯治文化を大切にし、自分をいたわり養生できるプランを提供。ハーブ類を育てる里庭を散策して土や季節の香りを感じたり、地元の旬食材を味わったり。全客室に温泉が備えられ、ゆったりと過ごせる。

☎0557-82-6511 住熱海市小嵐町4-36 時IN15:00 OUT11:00 室和洋54 P あり 交バス停大石原から徒歩3分 MAP 付録⑦ E-1

宿泊プラン
海の恵みと山の幸を
五感で味わうプラン
1泊2食付き
2名1室／1名分
39000円～

熱海サンビーチや親水公園は夜にはライトアップされキレイ。海沿いに宿泊するなら、夜のさんぽもおすすめです。

高原リゾートで泊まるなら オーベルジュで豪華ディナーを

熱海や伊豆高原は日本でも有数のオーベルジュの多いエリア。
それだけに、洗練されたディナーをリーズナブルに味わうことができます。
一皿ごとに伊豆に来た喜びが味わえる料理を、ぜひ。

1 優雅なダイニングルーム。朝食はテラスで新鮮野菜中心のプレートを自家製パンと一緒に 2 富士の湧水で育ったサーモンを、手間暇を惜しまず1週間以上の工程を経てじっくりとスモークした前菜 3 アマダイを鱗ごと焼き上げたル・タン伝統のスペシャリテ 4 デラックスツインの206号室 5 料理を堪能した後は、空いている時間であればいつでも使える貸切温泉へ

Vegetables

自家菜園から収穫した四季折々の野菜は、その土地で食べる“地産地消”という至高の贅沢で心ゆくまで。

伊豆食材と伝統フレンチの競演に舌つづみ

オーベルジュ ル・タン

‖伊豆高原‖

日本オーベルジュの先駆け。野菜のほぼすべてを契約農家と自家栽培でまかない、その日に使う分だけを収穫。魚介は近港の網元から、合鴨や鹿、イノシシも伊豆産を直接仕入れるなど、地産地消を掲げる伊豆のフレンチを存分に堪能できる。ワインも豊富。貸し切りの天然温泉で、ゆったり湯浴みも楽しめる。

☎0557-45-5181
⌂伊東市十足614-187
🕒IN15:00 OUT11:00（食事のみの利用は17:30～20:00）
室洋8 Ⓟあり
バス停池田美術館からすぐ
MAP 付録② B-1

宿泊プラン

特選ディナープラン
1泊2食付（2名1室/1名分）
平日23474円～

シェフおまかせディナープラン
1泊2食付（2名1室/1名分）
平日28314円～

オーベルジュとは？

もともとはフランス語で宿泊施設を備えたレストランのこと。その土地でとれた新鮮な野菜や魚介をふんだんに使った料理が特徴です。

オーシャンビューダイニングでいただく極上フレンチ

オーベルジュ フォンテーヌ・ブロー熱海

‖熱海‖オーベルジュフォンテーヌブローあたみ

相模湾を望むダイニングでいただくのは、日本人の舌に合ったフレンチ。三島野菜や相模湾でとれた魚介を、伝統的なフレンチの技法をベースに工夫と手間暇をかけて仕上げる。客室すべてに源泉かけ流しの露天風呂が備わり、開放的な湯浴みを楽しむことができる。刻一刻と変わる空と海景色も一緒に味わいたい。

☎0557-68-3303
住 熱海市下多賀1484-5
時 IN15:00 OUT11:00
室 洋12 P あり
交 JR伊豆多賀駅から徒歩10分
MAP 付録⑦ E-2

1 海を望むダイニングでフレンチとワインのマリアージュを 2 地元の食材とフランス料理の大胆な組み合わせにわくわく 3 メインディッシュには、季節を感じる三島野菜を添えて 4 客室露天風呂からも相模湾が見え、開放感あふれる 5 スイートルーム「Jardin -緑-」は、森の中にたたずむ隠れ家のような客室

fish dishes

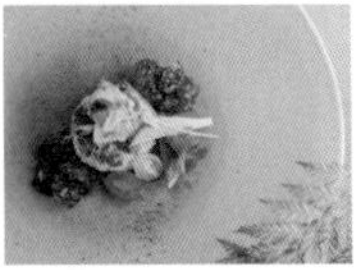

相模湾の鮮魚を使ったメニュー。料理を通して旅先感を味わえるような工夫がつまっている。

宿泊プラン

Jardin -緑-
1泊2食付（2名1室/1名分）
55000円～

ナチュラルスイート
1泊2食付（2名1室/1名分）
44000円～

温泉や料理をじっくり味わうために、滞在時間には余裕を持ったプラン立てをしましょう。

伊豆高原のお風呂でのんびり 客室露天風呂付きおこもり宿

時間やまわりを気にせず、好きなときに好きなだけお風呂に入りたい…。
そんな願いを叶えてくれるのが客室露天風呂付宿。
自分だけのプライベート空間でゆったりくつろぎましょう。

温水プール付き客室もあるゴージャス宿

至福の宿 凪ノ庄 ‖伊豆高原‖しふくのやどなぎのしょう

急坂を上りきった高台にある、全室温泉露天風呂付宿。なかでも「別邸HALE海邑」は専用のエントランスがあり、ほかの宿泊客と顔を合わせることなく過ごせる配慮が施され、まさに贅の極み。ほどよいリゾート感と落ち着きが心地いい。

宿泊プラン

露天風呂付離れ
1泊2食付(2名1室/1名分)
平日33150円〜

別邸HALE海邑(1日1組限定)
1泊2食付(2名1室/1名分)
平日66150円〜

☎0557-45-8002
伊東市吉田976-1
IN15:30 OUT10:00
室 和1、洋1、和洋2、別邸1
P あり 伊豆急行川奈駅から車で15分 MAP 付録② C-1

1 露天風呂からは相模湾や三浦半島を望む 2「別邸HALE海邑」はリニューアルして夜はテラスがライトアップされ、幻想的な雰囲気に 3 地元の海と山の幸を季節感あふれる美しい盛り付けで。釜戸炊きのご飯も美味

海と伊豆七島を望む絶景温泉露天風呂付の宿

絶景の癒しの湯宿 茄子のはな

‖伊豆高原‖ぜっけいのいやしのゆやどなすびのはな

多数のメディアで紹介され、有名人も訪れる人気の湯宿。全室に海と伊豆七島を望む絶景の温泉露天風呂付き。伊豆の三大味覚といわれる、伊勢エビ・金目鯛・静岡産あしたか牛のほか、旬の地場食材満載の創作和会席も好評。温かなおもてなしも自慢。

☎0557-53-5100
伊東市池635-135
IN15:00 OUT11:00
室 和6、洋7 P あり 伊豆急行伊豆高原駅から車で10分(送迎要問合せ) MAP 付録② A-3

宿泊プラン

わさびの間(客室露天風呂付)
1泊2食付(2名1室/1名分)
平日20350円〜

洋の別邸オーベルジーヌ(温泉露天風呂付客室)
1泊2食付(2名1室/1名分)
平日14300円〜

1 全室に絶景を見渡せる温泉露天風呂が付く 2 伊勢エビ・金目鯛などを堪能できる、旬の地場食材満載の創作和会席 3 海を望むテラス付きの上質な和空間(本館)

伊豆の瞳「一碧湖」

大室山の北側には、周囲4kmの景観の美しい湖「一碧湖」MAP付録② B-1があります。遊歩道が整備され、ちょっとした散策におすすめです。P.39

自然に囲まれたおこもり宿

花の雲 ‖伊豆高原‖ はなのくも

深い森の中にたたずむ隠れ家的な宿。全室に四季折々の森を眺められるオープンテラスが付き、緑のなかでゆったりくつろげる。露天風呂は、檜造りや石造りなど部屋によって趣が異なる。伝統懐石をもとにした創作料理も味わえる。

☎0557-33-1155
⌂伊東市富戸925-48
ⒸIN15:00 OUT10:00
室和7 Ⓟあり
バス停池入口から徒歩5分
MAP付録② B-3

宿泊プラン

檜製露天風呂付オープンテラス
1泊2食付（2名1室/1名分）
平日27000円～

別荘Suite Villa
1泊2食付（2名1室/1名分）
平日53000円

1落ち着きのある客室 2露天風呂には森のすがすがしい空気が満ちている 3木々が生い茂るなかにあり、まさにおこもり宿といった感じ

大人のための隠れ家

はなれ宿 善積 ‖伊豆高原‖ はなれやどよしづみ

伊豆大島を一望する絶好のロケーションが自慢の、数寄屋造りの宿。趣の異なる6室はすべて離れになっており、開放的な露天風呂と内風呂を備えている。旬の食材をふんだんに使った懐石料理を部屋で味わえるのもうれしい。

☎0557-55-3131
⌂伊東市伊豆高原南大室台4-24
ⒸIN15:00 OUT11:00
室和6 Ⓟあり
伊豆急行伊豆高原駅から車で8分
MAP付録② A-3

1眼下に伊豆の青い海を望める絶景露天風呂。部屋にはほかに内湯もあり 2旬の食材を存分に使った懐石料理を部屋まで運んでくれる 3木の温もりを感じる客室。眺望も美しい

宿泊プラン

離れ露天風呂付客室
1泊2食付（2名1室/1名分）
平日28600円～

一番広い離れ露天風呂付客室～嵐山
1泊2食付（2名1室/1名分）
平日31900円～

せっかくのおこもり宿。少し早めに到着して夕食前にお風呂に入り、のんびり過ごしましょう。

大切なあの人に、自分のために
伊豆のおいしいおみやげ集めました

伊豆の旅を余韻まで楽しむなら、
お土産選びも大事な旅の一部です。
おいしいスイーツなら土産話にも花が咲くはず。

A

ネコの舌7枚入　260円
ユニークなネーミングは、口に入れたときの食感が子猫の舌のザラザラ感と似ているから。新鮮バターとたまごのやさしい味わい。

C

ACCENDINOのジェラート
(左)丹那のミルク
(右)だいだいチョコレート
各500円
丹那牛乳をたっぷり使った濃厚な「丹那のミルク」。特産の橙をマーマレードにしてチョコレートと混ぜた「だいだいチョコレート」と、熱海の味覚を楽しめるジェラート。

B

(左)とろけるちーずケーキ
1個180円
(右)とろけるショコラ
1個190円
フランス産「Kiri」のクリームチーズと地元の丹那牛乳、富士山麓の産みたて卵を高温で蒸し焼きにしたちーずケーキと、ベルギー産の濃厚なチョコを使用したショコラ。口の中でとろけるような食感がたまらない。

D

マカロンモナカ
1個　370円
静岡産抹茶を使った抹茶餡、香り高いゆず餡、親しみやすいみかん餡、上品に香るさくら餡の4種。サクッとした皮の食感も楽しんで。

A

三木製菓

‖熱海‖みきせいか

1948(昭和23)年創業。長年愛され続ける味をいつでも楽しめるよう、ていねいな菓子作りを続けている。

☎0557-81-4461 住熱海市渚町3-4 営9:30～18:00 休木曜、第1日曜、第3水曜 P なし
交 JR熱海駅から徒歩12分
MAP 付録① B-3

B

住吉屋 熱海本店

‖熱海‖すみよしやあたみほんてん

1935(昭和10)年の創業以来、地元や観光客に愛されている洋菓子店。お取り寄せでも人気のロングセラー商品がそろっている。

☎0557-81-4744 住熱海市渚町13-2 営9:00～17:00
休水曜 P あり
交 JR熱海駅から徒歩15分
MAP 付録① B-3

C

A-PLUS

‖熱海‖エープラス

熱海市の名品が集まる、熱海商工会議所認定のお土産ブランド。ラスカ熱海のA-PLUSショップではセレクトされた商品が購入できる。

☎0557-81-9251(熱海商工会議所) (販売店) 住熱海駅ビル ラスカ熱海1F　熱海コレクション A-PLUSショップ ☎0557-81-0411 MAP 付録① C-1

D

常盤木羊羹店 總本店

‖熱海‖ときわぎようかんてんそうほんてん

伊豆山神社の御用達。伝統の製法を守る定番の羊羹のほか、独創的で新感覚の和菓子が注目されている。

☎0557-81-4421
住熱海市銀座9-1
営10:00～18:00
休不定休 P なし
交 JR熱海駅から徒歩15分
MAP 付録① B-2

伊東の名産「ぐり茶」

時間をかけて生茶葉を芯まで蒸す製法の「ぐり茶」。茶葉がぐりっと丸く、豊かなコクと香りがあるのが特徴です。伊豆エリアのおみやげにどうぞ。

E

みかんはちみつ
1520円

花々の雫
1500円

個性的な香りが特徴のはちみつ。「みかんはちみつ」はオリジナル商品。「花々の雫」はシンプルにヨーグルトやトースト、紅茶と楽しんで。
（バザール棟1Fメルローズマーケット）

G

百花譜　3個587円
コクのある餡はマスカルポーネが隠し味。生クリームやバターでどこか懐かしくやさしい味わい。季節ごとに変わる花の形もかわいらしい。

F

ニューサマーオレンジドリンク
230円
太陽の恵みをたっぷり浴びた、伊豆特産のニューサマーオレンジを使った伊豆限定のジュース。ミニサイズなので旅のお供にもおすすめ。

H

豆乳プリン（黒蜜付き）　280円
創業100余年の老舗豆腐店・吉正が作る豆乳プリン。大豆の風味豊かなプリンに黒蜜をかけていただく。

E

道の駅 伊東マリンタウン

‖伊豆高原‖みちのえきいとうマリンタウン

朝湯が楽しめる天然温泉や遊覧船、足湯、みやげや食事処などが並び、旅の目的地としても立ち寄る価値あり。

☎0557-38-3811 住伊東市湯川571-19 時9:00～18:00（店舗・季節により異なる）休無休（スパは不定休）Pあり 交バス停伊東マリンタウンからすぐ MAP付録⑦ F-3

F

伊豆高原駅 やまもプラザ

‖伊豆高原‖いずこうげんえきやまもプラザ

伊豆高原駅内にあり電車の時間まで買い物や食事が楽しめる。上記の商品はプラザ内のPOPOで購入できる。

☎0557-54-0221 住伊東市八幡野1183 伊豆高原駅内 時店舗により異なる 休店舗により異なる Pあり 交伊豆急行伊豆高原駅直結 MAP付録② B-4

G

石舟庵 川奈店

‖伊豆高原‖
せきしゅうあんかわなてん

「伊豆らしさ」をテーマに、伊豆の特産を生かした季節感豊かなお菓子を作る和菓子店。

☎0557-44-1800 住伊東市川奈1255-90 時9:30～17:30 休無休 Pあり 交伊豆急行川奈駅から徒歩15分 MAP付録⑦ F-3

H

いで湯っこ市場

‖伊豆高原‖いでゆっこいちば

地元客の利用も多い産直市場。新鮮な野菜のほかに、地元でとれた素材を使った加工品なども並ぶ。

☎0557-44-5050 住伊東市玖須美元和田715-26 時9:00～16:00 休第3火曜 Pあり 交伊豆急行川奈駅から徒歩15分 MAP付録⑦ F-3

「いで湯っこ市場」には、地元食材の特徴や食べ方を教えてくれる「食育ソムリエ」がいるので、気軽に相談してみましょう。

夜空を彩る 名物イベント

フィナーレを飾る「大空中ナイアガラ」

色とりどりの花火にうっとり

美しく輝く花火はまるでファンタジー

尺玉やスターマインが次々と

サンビーチからも観賞できます

熱海海上花火大会

あたみかいじょうはなびたいかい

一年を通じて多数開催される熱海名物の花火大会。全国でも屈指の好ロケーションで知られる。夏は約5000発（春秋冬は3000発）の花火が次々と夜空に打ち上げられる。

0557-85-2222（熱海市観光協会） 熱海市熱海湾内 20:20～20:40（夏期は～20:45） 無料（渚デッキの観覧席は熱海温泉ホテル旅館協同組合の宿泊者専用） P なし JR熱海駅から徒歩20分 MAP 付録① C-3

下田・熱川・河津

開国の地・下田は幕末ロマンの面影が残る街並みと、
青く美しい海が印象的。

熱川をはじめ風情豊かな温泉街が集まる東伊豆には
海を一望できる露天風呂や宿もたくさんあります。

河津町に原木がある河津桜。
濃いピンク色の花が咲き始めれば、伊豆の春はすぐそこです。

下田・熱川・河津をさくっと紹介します

**東伊豆の温泉地は、それぞれが海の眺めや新鮮な磯料理などで魅力を競い合っています。
青い海と白いビーチが美しい南伊豆には南国のムードがいっぱい。
金目鯛や伊勢エビなど、新鮮な海の幸も見逃せません。**

旅の支度をととのえる 現地お役立ちミニ情報

最新情報は道の駅開国下田みなと内の観光案内所で

伊豆急下田駅から歩いて15分のところにある、道の駅「開国下田みなと」の2階には、下田市観光協会があります。こちらでは、下田の観光スポットやイベントに関する情報が入手でき、周辺の宿泊施設も案内してくれます。散策前にぜひ立ち寄って。

下田市観光協会
☎0558-22-1531 🕒8:30～17:15
休 無休 MAP 63

自転車で街を巡ってみてはいかが？

下田市観光協会（道の駅 開国下田みなと2階）では、レンタサイクルの貸し出しも行っています。風を感じながら街中や海岸線を颯爽と走ってみるのはいかがですか？

下田市観光協会
☎0558-22-1531
🕒8:30～17:15（レンタサイクルは9:00～17:00）¥1時間500円～

駅前からロープウェイに乗ってみましょう

伊豆急下田駅からすぐのところに「下田ロープウェイ」の乗り場があります。寝姿山の山頂までは約3分30秒。山頂には縁結びの愛染堂もあります。

下田ロープウェイ
☎0558-22-1211 🕒8:45～17:00（季節により変更あり）¥1500円 MAP 63

東伊豆町の温泉巡りは電車が便利

東伊豆町には大川、北川、熱川、片瀬、白田、稲取と6つの温泉があり、伊豆急行の駅がそれぞれの玄関口となっています。大川、北川には駅から徒歩圏内に海に面した露天風呂があり、抜群の眺めが楽しめます。さらにお手軽な足湯処として、熱川の「湯の華ぱぁーく」「ほっとぱぁーく」や稲取の「雛の足湯」もおすすめです。

東伊豆町観光協会
☎0557-95-0700

地場産品の販売もある河津桜観光交流館

河津町観光協会の観光情報施設「河津桜観光交流館」では、町内の観光パンフレットや施設の割引券などが用意されています。1階では旬の野菜や果物、切り花を販売しています。

河津町観光協会
☎0558-32-0290
🕒観光案内所8:30～17：00、交流館1階売店8:00～15:00（桜まつり期間は8:00～17:00）
休 無休

遠く伊豆大島を望む漁港の町

稲取《いなとり》

P.72·75

金目鯛を筆頭にバラエティ豊かな魚介が水揚げされる。

歴史のロマンを感じる町

下田《しもだ》

P.62

開国の歴史を伝えるノスタルジックな街並みと、白浜が美しい海岸のリゾートエリアが共存。

生き物たちとの
出会いが楽しい温泉地

熱川《あたがわ》 P.70-73

ワニやレッサーパンダがいるバナナワニ園のほか、海沿いの露天風呂が人気。

毎年春がひと足
早くやってくる

河津《かわづ》 P.12ほか

「河津桜」は日本有数の早咲きで見ごろは2月。ほかにも季節ごとに咲く花が美しい。

河津桜のシーズン中、付近の道路は大渋滞。車で行くなら、伊豆高原駅の駐車場に停めて、電車移動がおすすめです。

開国の歴史が残る下田
往時の面影を感じながら町あるき

黒船に乗ったペリーが来航、幕末開港の舞台となった下田。
今なお古民家や土蔵が立ち並び、歴史の香り漂う街で
開国ゆかりのスポットをめぐってみましょう。

1黒船サスケハナ　23黒船電車で伊豆急下田駅へ到着　4了仙寺の方角を向いて建つ、ペリー上陸記念碑　5道の駅開国下田みなと近くにある、まどが浜海遊公園　6ペリーロードの先にある下田公園からは下田の街並みを望める　7街の随所になまこ壁の建物が見られる

こ・と・り・っ・ぷ・ら・ん

1 **伊豆急下田駅からスタート**
南国らしいヤシの木がお出迎え

2 **宝福寺**
唐人お吉の記念館がある宝福寺へ

3 **下田開国博物館**
歩いて10分、黒船来航の記念館へ。幕末のドラマをお勉強

4 **了仙寺**
徒歩すぐの了仙寺は日米下田条約の調印式が行われた寺

5 **平井製菓**
こし餡とソフトバターが入った、人気の牛乳あんパンをおみやげに

6 **黒船サスケハナでゴール**
黒に赤のラインが印象的な遊覧船サスケハナで下田の海へ

宝福寺
ほうふくじ

51歳で亡くなった悲運の人として語られる唐人お吉のお墓がある寺。境内には唐人お吉記念館があり、お吉の写真や着物を展示している。

寺院 ♪0558-22-0960 ⌂下田市1-18-26 ⓛ9:00~17:00 休無休 ¥400円 Pあり 伊豆急行伊豆急下田駅から徒歩5分 MAP63

下田開国博物館
しもだかいこくはくぶつかん

なまこ壁の外壁が目印の博物館。幕末開港時代の下田を詳しく紹介。黒船や唐人お吉、ペリー、ハリスの愛用品などが展示されている。

博物館 ♪0558-23-2500 ⌂下田市4-8-13 ⓛ9:00~17:00 休無休 ¥1200円 Pあり バス停下田開国博物館前からすぐ MAP63

了仙寺
りょうせんじ

黒船ミュージアムには3000点を超える国内最大規模の黒船・開国の資料を収蔵。境内の1000株のアメリカジャスミン（P.12）は5月に満開となる。

寺院 ♪0558-22-0657 ⌂下田市3-12-12 ⓛ8:30~16:40 休12月24~26日 ¥500円 Pあり 伊豆急行伊豆急下田駅から徒歩10分 MAP65

ぐるっと回って
180分

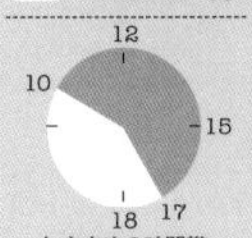

おすすめの時間帯

伊豆急下田駅前から東急ストア前の交差点を渡って、マイマイ通りを直進。了仙寺の本堂前からのびる参道がペリーロードP.64です。マイマイ通りの海側は商店街で、食事処などが並びます。

ノルディックウォークに挑戦

専用のポールを持って海岸線をのんびり歩くと、また違う景色が楽しめます。☎0558-22-1531（下田市観光協会内 下田ノルディックウォーキング協会）🕘9:00～11:00（レクチャーが必要な方は要予約）¥700円

ここでひと休み

Hamburger Ra-maru

ハンバーガーラマル

大きめのバーガーが人気のカフェ。名物は、下田名物の金目鯛のフライを挟んだ下田バーガー1300円。クセになる味わい。

カフェ ☎0558-27-2510 ⌂下田市外ヶ岡1-1（道の駅開国下田みなと内）🕘10:00～16:30 休道の駅開国下田みなとに準じる Pあり ‼伊豆急行伊豆急下田駅から徒歩10分 MAP63

平井製菓

ひらいせいか

1948（昭和23）年創業の和菓子店。手作り餡を使用した、ほどよい甘さのあんパンが大人気。毎朝焼きたてのものが並び、おみやげにぴったり。

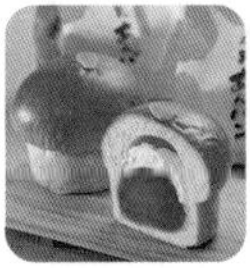

和菓子 ☎0558-22-1345 ⌂下田市2-11-7 🕘9:00～18:00 休火曜、水曜不定休 ¥ハリスさんの牛乳あんパン292円 Pなし ‼伊豆急行伊豆急下田駅から徒歩8分 MAP65

黒船サスケハナ

くろふねサスケハナ

黒船を模したサスケハナは弁天島など下田港を周回する約20分のコースを就航。2階展望席からの海の眺めが気持ちいい。荒天時は欠航。

遊覧船 ☎0558-22-1151（伊豆クルーズ）⌂下田市外ヶ岡19 🕘9:10～15:30 休無休 ¥乗船料1500円 Pあり ‼バス停道の駅開国下田みなと前からすぐ MAP63

おみやげはここで

MOBS 黒船ミュージアム

モッブスくろふねミュージアム

了仙寺に隣接し、黒船来航時の歴史を学べる。オリジナルグッズが購入できるショップはちょっと変わったおみやげ探しにぴったり。

ミュージアム ☎0558-22-2805（了仙寺）⌂下田市3-12-12 了仙寺境内 🕘8:30～16:40 休水曜 ¥入館料500円 Pあり ‼伊豆急行伊豆急下田駅から徒歩10分 MAP65

初代駐日公使・ハリスに仕えるため恋人から引き離されたお吉。その悲運の生涯が、宝福寺に伝えられています。

風情あるペリーロードへ レトロなたたずまいのカフェやおみやげ探し

柳の木や石畳の小道が小川沿いに続くペリーロード。かつて花街だったこの場所も、今は古民家を利用したカフェやおしゃれな雑貨店が立ち並んでいます。

1 4 5 7 平滑川沿いに続くこの道は下田条約調印の際にペリーが歩いたことに由来 2 風情ある「旧澤村邸」は無料休憩所として開放　3 夕暮れになるとガス灯が灯る 6 古民家カフェ＆ギャラリー「草画房」

ペリーって何をした人？

日米和親条約付録下田条約を結び、日本に近代の夜明けをもたらした人物。了仙寺には当時のペリーの肖像画が展示されています。

伊豆石造りの古民家カフェ

草画房 そうがぼう

書道家・竹沢尚生さんのアトリエが、土・日曜、祝日のみカフェとしてオープン。1914（大正3）年建築の古民家の味わいと作品の雰囲気が調和し、穏やかな空間。

アイス抹茶カプチーノ750円。冬はホットでも。逢坂橋のたもとに建ちペリーロードの風景によくなじむ

カフェ 0558-27-1123 下田市3-14-6 11:00〜17:00（季節により変動あり、要電話確認） 休 月〜金曜（土・日曜に続く祝日の場合は営業） P なし 伊豆急行伊豆急下田駅から徒歩15分 MAP 65

歴史とぬくもりが融合
明治の蔵でひと息

くしだ蔵

くしだくら

スパゲッティナポリタン1000円は季節のサラダorスープ付。地元の常連客も多い

明治中頃に建てられた蔵に手を加え、カフェ&ショップとしてよみがえらせた。開放感あふれる吹き抜けの店内で、1階が伊豆石、2階がなまこ壁という下田らしい造り。

カフェ 0558-22-0049 下田市2-11-12 11:00〜17:00（日曜は〜16:00） 休 不定休 P あり 伊豆急行伊豆急下田駅から徒歩10分 MAP 65

レトロかわいい下田のおやつ

下田らしい品ぞろえの
地元酒店

土藤商店

つちとうしょうてん

1887（明治20）年創業の老舗酒店で、地酒や下田らしい土産物などがそろう。ホーローの看板などが展示された蔵ギャラリーも併設。

ペリー一行をもてなした保命酒の、酒粕を使用したアイスキャンディ200円が人気

酒店 0558-22-0021
下田市3-6-30
9:00 〜 20:00（蔵ギャラリーは〜 18:00）
休 不定休 P あり
伊豆急行伊豆急下田駅から徒歩10分 MAP 65

ガラスケースに並ぶ
素朴なお菓子

雑賀屋

さいかや

キューピーサブレ2枚入り160円など散策途中のおやつにもぴったりのお菓子がそろう。なまこ壁の外観が目印

明治期に創業した、素朴でやさしい味わいのお菓子が並ぶ店。名物のキューピーサブレは愛らしい表情で、食べるのがもったいないほど。

菓子店 0558-22-0018 下田市2-1-27 10:00〜17:00（土・日曜、祝日は〜16:00） 休 不定休 P あり 伊豆急行伊豆急下田駅から徒歩0分 MAP 05

黒船祭は町が幕末の情緒で彩られ、着物姿の人があふれる下田最大の祭典です。海上花火大会、パレードなど国際色豊かなイベントが行われます。

海・浜・空がつくり出す開放感
南伊豆の美しい海景色

伊豆のなかでも数多くの美しい浜や人気のビーチが集まる南伊豆。遠くの山々、きらめく白波、地平線に沈む夕陽。心に染みわたる感動的な光景が広がります。

1 白浜海岸は水質が良いことでも知られ、海の透明度は抜群。広々とした開放感がリゾート気分を高める　2 プライベート感あふれる九十浜海岸への道のり

1 白浜大浜《しらはまおおはま》

約800mもの広大な砂浜をもつ伊豆半島最大級のビーチ。エメラルドグリーンの海と白い砂浜のコントラストが美しく、多くの人でにぎわう。

☎0558-22-5240（伊豆白浜観光協会）⌂下田市白浜 Ⓟあり ‼バス停白浜海岸からすぐ MAP付録⑦ E-6

2 九十浜《くじゅっぱま》

爪木崎グリーンエリア内にある、こぢんまりとした穴場的なビーチ。青い海と砂浜が美しく波も穏やか。岩場で磯遊びも楽しめる。

☎0558-22-1531（下田市観光協会）⌂下田市須崎 Ⓟあり ‼バス停グリーンエリア前から徒歩3分 MAP付録⑦ E-6

渡し船で行く、秘境の海岸「ヒリゾ浜」

日本でもトップクラスの透明度を誇る、ヒリゾ浜。岩礁に囲まれた海岸で、中木から出ている渡し船でしか行くことができない秘境。

☎0558-65-1050（ヒリゾ浜渡し組合、運航日のみ）⌂南伊豆町中木 🕒渡し船は7月上旬～9月下旬 ¥渡し船往復2000円 MAP付録⑦ C-6

鳥居と朝日の神秘的な共演

白浜海岸に突き出した大明神岩の上に立つ白濱神社の鳥居の間から、ゆっくりと昇る朝日。その神々しい風景に心が洗われます。

3奥石廊崎「愛逢岬(あいあい岬)」からのダイナミックな眺め。ヒリゾ浜も望める。空・海・岩を染める夕景も美しい　4弓ヶ浜は「日本の渚百選」にも選ばれた伊豆三大美浜のひとつ

3 奥石廊崎《おくいろうざき》

小高い丘の先から大海原と岩山、断崖を望む絶景スポット。夏の夕方、黄色い花を咲かせるユウスゲが夕陽に照らされる風景は感動的。

☎0558-62-0141（南伊豆町観光協会）⌂南伊豆町石廊崎 Ⓟあり 👣バス停愛逢岬からすぐ MAP付録⑦ C-6

4 弓ヶ浜《ゆみがはま》

ゆるやかな弧を描く白砂のビーチ。詩情豊かな松林の浜辺には絶え間なく白波が打ち寄せ、夕陽が浜を紅く染め上げるさまも美しい。

☎0558-62-0141（南伊豆町観光協会）⌂南伊豆町湊 Ⓟあり 👣バス停休暇村からすぐ MAP付録⑦ D-6

朝の光を浴びながら「ビーチヨガ」体験

美しい吉佐美大浜海岸でのビーチヨガで、一日を気持ちよくスタート。BGMは波の音。豊かな自然と一体化することで心と体がほぐれていく。

☎090-3467-9776（鈴木）🕒春〜秋の6:30〜7:30（日程要相談、電話か公式LINEで要予約）¥パーソナル3000円、グループ（6名〜）1人2000円 ※ヨガマット貸出付き Ⓟあり 👣バス停吉佐美から徒歩8分 MAP付録⑦ D-6

奥石廊崎やヒリゾ浜などを巡る「石廊崎岬めぐり遊覧船」は約25分・大人1600円です。☎0558-22-1151（伊豆クルーズ）

myことりっぷ

温泉メロン発祥の地で見つけたとろけるメロンスイーツ

**一年を通して温暖な気候に恵まれた南伊豆。
温泉の熱を利用してメロンの温室栽培が行われています。
完熟メロンを使った、ここでしか味わえないスイーツを楽しみましょう。**

生のメロンが5切れも!

切りぬきメロンもゴロゴロ

メロン最中やバニラアイスがギュ

温泉メロンパフェ

数量限定、1400円。温泉メロン半玉分も使用する贅沢さ。糖度14度以上でとってもジューシー

メロンのショートケーキ

550円。メロンの果実をトッピング。スポンジもメロンに合うよう考えられたコクがある味わい

温泉メロンとは？

温泉の熱を生かした温室栽培で育てられたメロン。日本ではほかにも温泉メロンを作っているところはありますが、大正時代から栽培を行っている下賀茂温泉周辺が温泉メロン発祥の地といわれています。

メロンロール

450円。スポンジ生地や生クリームにもメロン果汁が入っており、ふんわり軽やかな食感

温泉メロンゼリー

450円。温泉メロンの果実がのり、おいしさをストレートに楽しめるゼリー

甘い香りに包まれた、白を基調とした店内

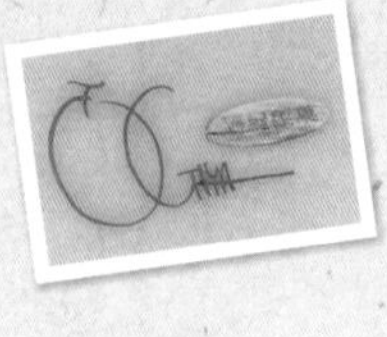

老舗製菓店の贅沢メロンスイーツ

和洋スイーツカフェ 扇屋製菓

わようスイーツカフェおうぎやせいか

創業1927（昭和2）年、現在は4代目がパティシエの経験を生かし、看板商品「メロン最中」をはじめとした温泉メロンを使った和洋菓子を提供している。仕入れたメロンは最高の状態になるまで追熟、その完熟したメロンを使ったスイーツが一年中楽しめる。テラス席も心地よい。

和洋菓子 ☎0558-62-0061
南伊豆町下賀茂168-1
9:00 ～ 17:00
休 水曜（変動あり） P あり
バス停日詰からすぐ
MAP 付録⑦ D-6

ご当地サイダーを使ったメロンソーダ

扇屋製菓では静岡県の有名な飲料会社・木村飲料の「静岡マスクメロンサイダー」を使った「メロンソーダ」単品650円もおすすめ。メロンの上品な風味と濃厚なアイスクリームは相性ばっちりです。

もっと温泉メロンを楽しみましょう

濃厚な甘さの完熟メロン

さとう温泉メロン《さとうおんせんメロン》

自家源泉の温泉熱を利用し、安定して糖度の高いマスクメロンを栽培する、南伊豆唯一のメロン農家。直営売店のみで販売している。

メロン ☎0558-62-3978 南伊豆町加納646 ⏰8:00～17:00 休不定休（毎月2～3回の収穫のため事前に要確認） Pあり バス停森山から徒歩3分 MAP付録⑦ D-6

1個2000～5000円。甘くなめらかな食感

気軽に温泉メロンを味わうなら

道の駅 下賀茂温泉 湯の花《みちのえきしもがもおんせんゆのはな》

青野川沿いにある道の駅では、温泉メロンがのったソフトクリームが人気。直売所では地元の新鮮野菜や珍しいフルーツが購入できる。

道の駅 ☎0558-62-3191（農林水産物直売所 南伊豆湯の花） 南伊豆町下賀茂157-1 ⏰9:00～16:00 休無休 Pあり バス停九条橋からすぐ MAP付録⑦ D-6

「温泉メロンソフト」430円

「メロン最中」大玉5個入900円

カフェも人気な老舗和菓子屋

ぱんかふぇだいまる

1831（天保2）年創業の和菓子店の看板メニュー「メロン最中」。メロンエキス入りの香り豊かな白あんを使い、皮もパリッと香ばしい。

和菓子 ☎0558-62-0070 南伊豆町下賀茂290-9 ⏰9:00～19:00 休日曜 Pあり バス停下賀茂からすぐ MAP付録⑦ D-6

メロンを育てる極上温泉

湯量豊富で恵まれた泉質

南伊豆町営温泉 銀の湯会館《みなみいずちょうえいおんせんぎんのゆかいかん》

青野川沿いにある日帰り温泉。100℃の源泉を使用した温泉は、露天、寝湯のほか、四季の湯や南国風呂など種類豊富。

熱めのお湯で体の芯まで温まる

日帰り温泉 ☎0558-63-0026 南伊豆町下賀茂247-1 ⏰10:00～20:20 休水曜（祝日の場合は翌日休） ¥1000円 Pあり バス停熱帯植物園から徒歩3分 MAP付録⑦ D-6

ぱんかふぇだいまるではジューシーなクリーム入りの「伊豆めろんぱん」も人気です。

のんびり歩けば魅力発見
熱川・北川湯けむりさんぽ

そこかしこで上がる湯けむり。源泉は100度以上という高温

豊富な湯量を誇る熱川・北川温泉エリア。
街のあちこちから湯けむりが立ち上り、
心身ともにほぐしてくれる温泉街です。

伊豆熱川駅に降り立てばすでに湯けむりが

熱川ほっとぱぁーくでは海を眺めながら足湯でほっこり

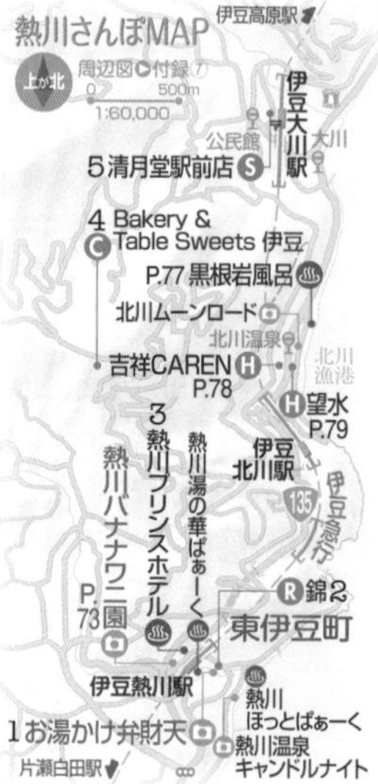

1 お湯かけ弁財天《おゆかけべんざいてん》

欲張りさんも満足のパワースポット

温泉が湧く源泉櫓のそばに祀られている弁財天。お湯をかけて願い事をすれば叶うという。お金を洗うと金運上昇のご利益も。

弁財天 ☎0557-23-0174（熱川温泉旅館組合）住 東伊豆町熱川温泉 時 参拝自由 P なし 伊豆急行伊豆熱川駅から徒歩5分 MAP 70

健康、良縁、学業にご利益があるといわれる

弁財天の脇にある「ナギの木」は縁結びのパワースポット。絵馬は旅館組合窓口で販売

名物"てんこもり"アジのたたき丼1870円

2 錦《にしき》

人気の熱川名物丼

旬の魚介を豪快に盛り付けた丼が人気の店。一品料理も充実している。自家製の金目鯛の味噌漬けはおみやげにも。

和食 ☎0557-23-3279 住 東伊豆町奈良本971-35 時 11:30～14:30、17:30～20:30 休 木曜、水曜の夜 P あり 伊豆急行伊豆熱川駅から徒歩3分 MAP 70

伊豆急行の車窓からはこんな眺めが

風情ある温泉街らしい熱川の街並み

人気スポットのおすすめおやつ

熱川の人気スポット「熱川バナナワニ園（P.73）」のジューススタンドで販売している「バナナソフト」500円は、バナナの風味たっぷりで、散策途中のおやつにぴったり。

3 熱川プリンスホテル
あたがわプリンスホテル

絶景露天風呂でゆったり湯浴み

高台に建つ宿の立ち寄り湯。屋上にある天空露天風呂からは相模灘や伊豆諸島を望む。お茶風呂やヒノキぶろなど多彩な湯も楽しめる。

立ち寄り湯 ☎0557-23-1234 住東伊豆町奈良本1248-3 時15:00～19:00 休繁忙期（要問合せ） ¥1300円（2･3･8月は1800円） Pあり（宿泊者優先） 交伊豆急行伊豆熱川駅から徒歩8分 MAP70

天空露天風呂「薫風」。大浴場ではお茶風呂など個性的な湯も楽しめる

4 Bakery & Table Sweets 伊豆
ベーカリーアンドテーブルスイーツいず

海を見下ろす足湯カフェ

伊豆ホテルリゾート＆スパ内にあり、足湯のあるテラス席は絶景が望める特等席。ホテル特製のランチやスイーツがいただける。

自家製パンを使用したランチメニューも

カフェ ☎0557-22-5151（ホテル代表） 住東伊豆町奈良本1457-30 リゾートパーク伊豆あたがわ別荘地内 時10:00～16:30 休無休 ¥カンパーニュのローストビーフサンド1980円 Pあり 交伊豆急行伊豆熱川駅から車で15分 MAP70

5 清月堂駅前店
せいげつどうえきまえてん

ひと足のばして

創業65年の老舗和洋菓子店

サザエ形の皮に、北海道産小豆を使った粒餡が入ったさざえ最中1個220円が有名。ほかにも形や名前がユニークな菓子があり、おみやげにおすすめ。

和菓子 ☎0557-23-2603 住東伊豆町大川253-13 時8:00～18:30 休水曜（祝日の場合は不定休） Pあり 交伊豆急行伊豆大川駅からすぐ MAP70

餡がぎっしりと詰まってボリュームたっぷり

熱川・北川温泉の夜はとってもロマンチック

多くの温泉宿がある熱川・北川エリア。宿泊すれば、素敵な夜も体験できます。

夜の散歩を幻想的に盛り上げる

熱川温泉キャンドルナイト
あたがわおんせんキャンドルナイト

熱川海岸沿いの遊歩道またはしおかぜ広場が、約2000個のキャンドルで彩られる夜のイベント。波の音を聞きながら、温泉旅の夜をロマンティックに過ごせる。

☎0557-23-0174（熱川温泉旅館組合） 住東伊豆町熱川海岸、または熱海温泉しおかぜ広場 時不定期（要問合せ） Pあり 交伊豆急行伊豆熱川駅から徒歩5分 MAP70

神秘的なムーンロードで運気UP

北川ムーンロード
ほっかわムーンロード

月の輝く夜に現れる「ムーンロード」。10秒間お祈りすると願いが叶うといわれ、「吉祥CAREN（P.78）」など宿のお風呂からも見られる。

☎0557-23-3997（北川温泉旅館組合） 住東伊豆町北川温泉 交伊豆急行伊豆北川駅から徒歩5分 MAP70

伊豆熱川駅前にある足湯「熱川湯の華ぱぁーく」や「お湯かけ弁財天」では、源泉ゆでたまご作り体験ができる温泉池もあります。

キュートな動物たちに癒される わくわくアニマルスポット

**伊豆にはかわいい動物たちが出迎えてくれる
アミューズメントパークがたくさん。
心を癒してくれる動物たちに会いに行きましょう。**

サイ

キリン

ハリネズミ

1

2

3

ライオン

ミナミコアリクイ

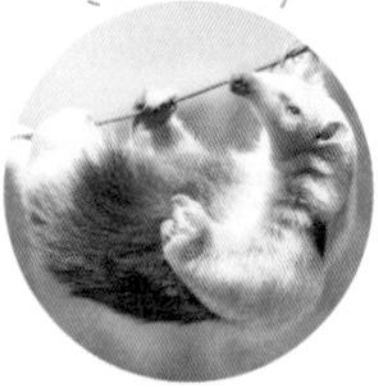

アルマジロ

1 食事をしながらホワイトタイガーが眺められる「レストランアニマルキングダム」
2 放し飼いの動物たちの中を歩いて移動する「ウォーキングサファリ」 3「わくわくふれあい広場」では、あまり触る機会のないカピバラやハリネズミ、アルマジロなどに触ることができる

ウォーキングサファリで動物に大接近

伊豆アニマルキングダム ‖稲取‖ いずアニマルキングダム

自由に歩き回りながら動物を見ることができる「ウォーキングサファリ」や、小動物とふれ合える「わくわくふれあい広場」など、多彩な施設が魅力。ほかにも、スポーツゾーンやプレイゾーンがあり、一日中楽しめる。

☎0557-95-3535 東伊豆町稲取3344 9:30～17:00（10月～翌3月は～16:00） 休6月中旬と12月上旬に数日間（要問合せ） ¥2500円 Pあり バス停伊豆アニマルキングダムからすぐ MAP付録⑦ E-4

おすすめグルメ

ミートボールスパゲッティ 990円
ミートボールがごろっと乗った女性に人気のメニュー

とろとろオムライス（チーズ入り） 1100円
その名のとおり、ふわりと仕上げられた玉子が食欲をそそる一品

は虫類専門の動物園「iZoo」(イズー)

河津にある「体感型動物園iZoo」では、ゾウガメやトカゲ、ヘビなどは虫類に触ることができます。
☎0558-34-0003 🕘9:00～16:30 ¥2500円(KawaZooとの共通入園券) MAP付録⑦ E-5

トロピカルな動植物が大集合

熱川バナナワニ園 ‖熱川‖ あたがわバナナワニえん

温泉熱を利用した熱帯動植物園。オオオニバスや洋ラン、さらに15種類のワニや、ニシレッサーパンダなど、珍しい動植物がたくさん。フルーツパーラーではバナナとパパイヤを味わえる。

☎0557-23-1105 住東伊豆町奈良本1253-10 🕘9:00～17:00 休無休 ¥2000円 Pあり 交伊豆急行伊豆熱川駅からすぐ MAP70

上：飼育数日本一のレッサーパンダ
下：貴重なマナティーの姿も

おすすめグルメ

大福ワニ
480円
大きな口でバナナをくわえた見た目もかわいい

1 世界最大といわれるオオオニバス 2 園内にはたわわに実るバナナが 3 施設の主役はワニ。16種類約100頭とそのコレクションは世界一 4 熱帯性スイレンのほか、常時60種類の美しい花々を観賞できる

海の仲間たちがお出迎え

下田海中水族館 ‖下田‖ しもだかいちゅうすいぞくかん

和歌の浦の入江を自然のままに生かした水族館。イルカと一緒に泳ぐことのできる数少ない施設としても知られている。アザラシやペンギンなど、海の仲間たちのかわいい姿を楽しんで。

☎0558-22-3567 住下田市3-22-31 🕘9:00～16:30(季節により変動あり) 休12月中旬に数日メンテナンス休業あり ¥2400円 Pあり 交バス停下田海中水族館からすぐ MAP63

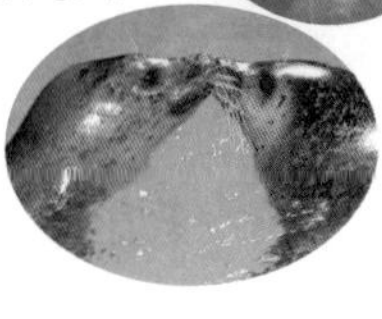

上：クラゲなど伊豆近海に生息する生物約300種1万点を展示
下：キュートなアザラシもいる

おすすめグルメ

深海ザメバーガー
単品650円
深海魚のホシザメを使っためずらしいメニュー

1 まるでトレーナーになったような気分が味わえるドルフィンフィーディング1500円 2 3 イルカが頭上を飛び越える「アメージング・シート」と、コツメカワウソにエサやり体験ができる展示施設が評判(ともに有料)

時間があれば「猛獣のエサやり」(伊豆アニマルキングダム)や「ドルフィンフィーディング」(下田海中水族館)に挑戦してみましょう。

伊勢エビ＆金目鯛
目にも鮮やかな伊豆の名物たち

海の味覚の王様・伊勢エビは、南伊豆の特産品。
漁獲高日本一・稲取の金目鯛は、脂のり抜群。
旨みと甘みに感動する、どちらもはずせないおいしさです。

わだつみ

伊勢エビの風味がギュッとつまった豪快な名物鍋

伊勢エビや金目鯛、サザエなど、伊豆の味にこだわる郷土料理店。“わだつみ”とは、海女が食べていた料理のことで、旨みとコクが体に染みる一品。

郷土割烹 伊豆の味 おか田

‖南伊豆町‖きょうどかっぽういずのあじおかだ

☎0558-62-1006 ⌂南伊豆町湊307-1 ◷11:00～19:00
休 無休 P あり バス停日野からすぐ MAP 付録⑦ D-6

1 伊勢海老わだつみ定食1人前4235円（注文は2人前～）。伊勢エビやサザエ、カニなどの魚介と野菜を特製味噌で煮込んだ鍋には、素材の旨みが凝縮　2 店内は純和風の造りで落ち着いた雰囲気。個室も用意されている

鬼殻焼き

秘伝のタレが染み込んだ香ばしい身を存分に

下田港一望の食事処。できる限り自然環境に近づけた生けすで元気に泳ぎ回る伊勢エビをさばくので、その鮮度は折り紙付き。殻付きのまま焼き上げるため、旨みが閉じ込められる。

伊勢海老鬼殻焼き御膳4200円。刺身やサザエのつぼ焼きも付く豪華なセット

磯料理 辻

‖下田‖いそりょうりつじ

☎0558-22-0269
⌂下田市3-19-36 ◷11:00～14:30、17:30～20:30 休 水曜（祝日の場合は前日または翌日休） P あり バス停下田海中水族館から徒歩5分 MAP 63

お造り

ぷりぷりの身は甘みいっぱい

50年以上続く老舗の磯料理店。店内には生けすがあり、常時伊勢エビが用意されている。まぐろをはじめ、地魚が7種類以上入った「下田丼」1500円も人気メニュー。

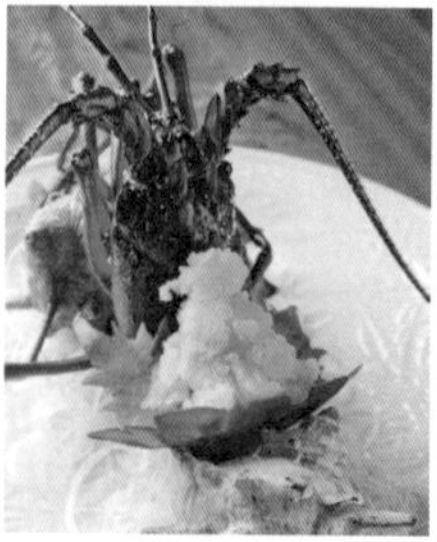

伊勢エビのお造り100g1100円～（1匹単位）。シンプルなわさび醤油でいただくと、甘みが口に広がる

磯料理 ゑび満

‖下田‖いそりょうりえびまん

☎0558-22-2166
⌂下田市3-3-12 ◷11:30～22:00 休 不定休（GW・夏季は営業）
P なし 伊豆急行伊豆急下田駅から徒歩10分
MAP 65

金目鯛のアラ汁が飲み放題の朝市

土・日曜、祝日の朝8時から東伊豆町役場横駐車場で開かれる「港の朝市」。金目鯛のアラ汁（カップと箸代30円）が飲み放題です。
☎0557-95-6301（東伊豆町役場） MAP 付録⑦ E-5

寿司

ほろほろとろける、軽く炙った金目の握り

30年ほど前に金目鯛を寿司ネタとして初めて取り入れた店。旨みと甘みが逃げないよう、表面を軽く炙ってあり、とろっとした食感がたまらない。

寿し 魚八 ‖稲取‖すしうおはち

☎0557-95-1430 住東伊豆町稲取371-4 営11:00～19:00
休水曜（祝日の場合は営業） Pあり
交伊豆急行伊豆稲取駅から徒歩7分 MAP 付録⑦ E-5

1シャリが見えないほど大ぶりの金目鯛寿し（8貫）3630円。あら汁付　2広々としたカウンターが心地いい

丼

丼に咲く
脂たっぷり金目の花

きんめ鯛どんぶりは、弾力のある刺身、薬味の効いたなめろうなど、さまざまな味わいや食感が堪能できる豪華な丼。定番の煮付けなど金目鯛を使ったメニューが充実している。

きんめ鯛どんぶり3000円。店は稲取漁港の目の前にあり、倉庫を改装したおしゃれな雰囲気

きんめ処 なぶらとと ‖稲取‖きんめどころなぶらとと

☎0557-95-5155
住東伊豆町稲取396 営11:00～15:00
休月・火曜（祝日の場合は営業） Pあり 交伊豆急行伊豆稲取駅から徒歩7分 MAP 付録⑦ E-5

煮付けなど

定番の煮付けから
しゃぶしゃぶ、焼魚まで

稲取漁港が目の前。魚屋直営で鮮度抜群の厳選素材が自慢の食事処。金目鯛が存分に楽しめる、甘くこってり煮付けた「1匹まるごとの煮つけ」、金目鯛をフルコースで味わえる「金目鯛づくし膳」がおすすめ。

さまざまなメニューで金目鯛を堪能できる「金目鯛づくし膳」4290円。金目鯛のしゃぶしゃぶなどめずらしい料理も

網元料理 徳造丸本店

‖稲取‖あみもとりょうりとくぞうまるほんてん

☎0557-95-1688 住東伊豆町稲取798 2F 営10:00～16:00（土・日曜、祝日は10:00～15:00、17:00～19:30） 休木曜（祝日の場合は営業） Pあり 交伊豆急行伊豆稲取駅から徒歩10分 MAP 付録⑦ E-5

冬場と初夏が旬の金目鯛は時価で1匹約3000～5000円。エラがきれいで目が透明、肉厚で丸く太っているのがおいしいです。

自慢の泉質と景色でリラックス
日帰りで行ける爽快露天風呂はこちらです

伊豆半島の温泉は泉質も造りも多彩です。
個性的な泉質を誇る温泉や、東伊豆海岸沿いに点在する
絶景露天風呂など、気軽に立ち寄ってみませんか。

1内湯も露天風呂も100%源泉掛け流し。天城連山を眺めながら過ごせる 2周辺は緑に包まれており落ち着いて過ごせる 34檜が香る内湯は窓が大きく取られ、明るく開放的。お湯の振動が癒やしを高めてくれるバイブラバスや発汗作用が期待できるサウナもあり、温泉との相乗効果で体がじっくりとほぐれていく 5敷地内に湯量豊富な自家源泉が3本ある

まるで化粧水のような、しっとり美肌の湯
観音プリンシプル

‖下田‖かんのんプリンシプル

緑あふれる山間にたたずむ日帰り温泉施設で、pH9.5という強アルカリ性の湯が特徴。肌あたりが非常にやわらかく、なめらかな入り心地を実感できる。温泉は飲料水としても認可を受けておりペットボトルで販売。まろやかな味わいがお茶やコーヒー、料理に合う。

☎0558-28-1234（観音温泉）⌂下田市横川1092-1 ⏰11:00～16:00（土･日曜、祝日は～17:00）休無休 ¥1300円（土･日曜、祝日は1500円）Pあり ‼伊豆急行伊豆急下田駅から無料送迎バスで25分（要予約）MAP付録⑦ D-5

アルカリ源泉水配合のコスメもあります

温泉の特色を生かしたスキンケア&コスメでうるおいをチャージ。

1フェイス&ボディソープ700㎖ 2933円 2ハイドロチャージーローション200㎖ 2933円 3モイスチャーエッセンス40㎖ 2933円 4ハイドロエモリントミルク150㎖ 12571円

タオルなどは持参が必要な場合も

公営の露天風呂の場合、タオルや石鹸などの用意がないところも。バスタオルなどはなるべく持参しましょう。石鹸が使えないところもあります。

ハートの海に迎えられ絶景が待つ温泉へ
石花海 ‖稲取‖せのうみ

敷地内に湧く豊富な源泉とオーシャンビューが自慢の温泉宿。最上階の大浴場と露天風呂では海と一体になるような開放的な眺望を楽しめる。全館畳敷きで足元からくつろげる。

☎0557-95-2231 東伊豆町稲取1604-1 14:00〜20:00 休 無休 ¥1500円 P あり 伊豆急行伊豆稲取駅から車で5分 MAP 付録⑦ E-5

1 入口ではハート型の窓に切り取られた海がお出迎え 2 昼は海岸線、日暮れ時は夕陽の空を眺められる露天風呂

1 湯船は男性用2つ、女性用1つ。刻々と表情を変える海の景色を眺めていると、時間が経つのも忘れてしまう 2 まさに波打ち際にある更衣室

空の表情を映す波打ち際の特等席
黒根岩風呂 ‖北川‖くろねいわぶろ

海抜0m、すぐ目の前に波が打ち寄せる露天風呂。まるで海に浸かっているようなロケーションは全国的にファンが多い。ていねいに管理され更衣室が完備されているので安心。北川温泉宿泊者は無料で利用できる。

☎0557-23-3997（北川温泉旅館組合）東伊豆町北川 10:00〜17:45 休 無休（荒天時）¥600円 P あり 伊豆急行伊豆北川駅から徒歩7分 MAP 70

手作り体験もできる露天風呂
舟戸の番屋 ‖河津‖ふなどのばんや

海を見下ろす高台にある露天風呂。湯船の直下が岩場になっていて海はすぐそこ。塀ではなく手すり付きなので見晴らしがいい。干物作り、ところてん作りなどの体験もでき、伊豆ならではの時間が過ごせる。

☎0558-32-0432 河津町見高358-2 9:00〜16:00 休 火曜 ¥300円 P あり 伊豆急行今井浜海岸駅から徒歩7分 MAP 付録⑦ E-5

1 地場産品の販売や海鮮バーベキューなどの食事が楽しめるほか、海を望む無料の足湯もある 2 洗い場がないので石鹸やシャンプー使用はシャワー室へ（別途200円）

波打ち際の露天風呂は季節や曜日によって営業時間が異なります。荒天時休業の場合もあるので確認してから出かけて。

海の力に癒される伊豆北川の
オーシャンフロントのモダン宿

ただ海を見つめてのんびり過ごす……。
リゾート感あふれる洗練された宿でのステイは、とびきりの贅沢。
自分へのご褒美に自然の恵みを生かしたトリートメントを。

1 海の開放感と潮風を楽しむ露天風呂「碧海」 2 伊豆の幸をお箸で気取らず味わうフレンチ懐石　3 ロビーラウンジには、ライブラリーとドリンクサービスも

自家源泉かけ流しの湯とご当地スパに癒される絶景宿

吉祥CAREN きっしょうカレン

海·空·緑に包まれ、全室オーシャンビュー。昇る朝日や月の道を望む露天風呂のほか、姉妹館つるや吉祥亭の貸切風呂など、豊富な湯処を楽しめる。金目鯛や伊勢エビ、明日葉など伊豆の幸は、フレンチ懐石や鉄板焼で召し上がれ。アフタヌーンティーや本格タラソで極上のひと時を。記念日や連泊サービスも好評。

☎0557-23-1213
東伊豆町北川温泉
IN14:00 OUT11:00
室 和30 P あり
伊豆急行伊豆熱川駅から車で8分(送迎あり)
MAP 70

宿泊プラン

基本プラン
1泊2食付(2名1室/1名)
34250円～

展望風呂付プラン
1泊2食付(2名1室/1名)
45250円

＋癒しの湯巡りステイなら

パンケーキでアフタヌーンティー

伊豆大島産、椿オイルのスパ

送迎バスで1分の姉妹館で湯巡り

月の光の道を眺める露天風呂

朝食は鉄板焼で贅沢に

北川温泉のオリジナルミュージック

北川温泉には、CD「MOON ROAD」があります。心地よい音色で、リラックスタイムにおすすめです。北川温泉旅館組合で販売。

1石造りの浴槽のガゼボ　2部屋出しの夕食は石焼きも登場　3全客室がオーシャンビュー　4心地よく刻む波の音色が深い眠りをもたらす

非日常感が味わえる和リゾート

望水《ぼうすい》

ロビーに入るとすぐ目の前は、紺碧の海一望のラウンジ。一瞬にして非日常の世界へ引き込まれる。開放感たっぷりの露天風呂に、自由に楽しめる東屋が付く完全プライベート空間「ガゼボ」は4室。スパでは月光を浴びた石を使うチャクラバランシングやオールハンドのトリートメントで至福の時間が過ごせる。

0557-23-1230
東伊豆町北川温泉
IN14:00 OUT10:00
室 和24、和洋9 P あり
伊豆急行伊豆熱川駅から車で7分（送迎あり、要予約）
MAP 70

宿泊プランなど

1泊2食付プラン
1泊2食付（2名1室/1名分）
平日33150円～

ボディトリートメント
90分　¥28050円
フェイシャル、フット

スパトリートメント付ステイなら

お好みのオイルをセレクト

ガゼボで体をほぐして

ケア後は海を眺めてひと息

夕食は地元野菜たっぷり

早起きして朝のラウンジへ

「吉祥CAREN」の吉祥スパにはカップル専用スイートルーム＆「ペアブリーズ」コース26400円～（2名）もあり。旅の思い出も深まりそうです。

さりげない心遣いが心地よい料理自慢の一軒宿

**部屋数の少ない旅館が増え、人気も上昇しています。
家庭的なやさしい気遣いとおいしい料理、
そして、きめ細かいサービスが人気の秘密のようです。**

1 幻の伊豆牛をしゃぶしゃぶでさっぱりと堪能 2 お造り豪華舟盛り2人前。黒鯛など7種の魚介が入る 3 部屋付の露天風呂 4 今井浜海水浴場を望む宿

地魚や地場食材で彩る創作懐石

桐のかほり 咲楽 ‖河津‖きりのかおりさくら

桐の木を多用した和の風情に機能美を備えたモダンな宿。客室数は全４室、すべての部屋に海を臨む温泉露天風呂が付き、波音に包まれた、ぜいたくなおこもり時間が過ごせる。客室にスタッフが出入りしないため、気兼ねせずくつろげる。個室でいただく食事は、舟盛りなど旬の新鮮魚介を中心にした季節料理。

☎0558-32-3001
住 河津町見高182-35
時 IN15:00（最終17:00）OUT11:00
室 和洋4
P あり
交 伊豆急行今井浜海岸駅からすぐ MAP 付録⑦ E-5

料金プラン

アニバーサリープラン
1泊2食付（2名1室/1名分）
平日34000円～
誕生日や各種記念日に宿泊される方への特別プラン

名物自噴泉「峰温泉大噴湯公園」

玉峰館に隣接する大噴湯公園は、1時間に1回地上30mまで噴きあがる温泉が迫力満点。足湯やおみやげ店も併設されています。MAP付録⑦ E-5

女将が作る魅力的な家庭懐石

くつろぎの御宿 花さと

‖南伊豆‖くつろぎのおんやどはなさと

女性スタッフのみで営む客室数5部屋の小さな宿だけに、細やかな気遣いを随所に感じられる。伊勢エビ、アワビ、伊豆牛からチョイスできるプランのほか、金目鯛のしゃぶしゃぶが食べられる金目鯛満腹プランも。

☎0558-62-0451 ⌂南伊豆町湊417 ⓛIN15:00(最終18:00) OUT10:00 室和5 Ⓟあり 🚶バス停弓ヶ浜大橋からすぐ
MAP付録⑦ D-6

1

2

3

4

1伊豆の薫りプランは、懐石料理と選べる伊勢エビ、アワビ、伊豆牛が魅力
2土鍋で仕立てる炊きたてご飯が評判
3お茶の香りが漂う落ち着いたロビー
4緑に囲まれた爽やかな露天風呂

宿泊プランなど

伊豆の薫りプラン
1泊2食付(2名1室/1名分)
平日23000円～

大正モダンの空間で"新日本料理"を

玉峰館

‖河津‖ぎょくほうかん

1926（大正15）年創業の温泉宿。当時の意匠と現代建築が融合した館内は、懐かしさを醸すくつろぎの空間。地元の旬の食材を、和洋の調理法を取り入れて「伝統と革新」の味として提供。

☎0558-34-2041 ⌂河津町峰440 ⓛIN15:00 OUT11:00 室和2、ツイン6、露天風呂付客室4、露天風呂付離れ4 Ⓟあり 🚶伊豆急行河津駅から車で5分(河津駅から送迎あり、要連絡)
MAP付録⑦ E-5

1隣接する大噴湯公園の櫓が温泉気分を盛り上げる 2美食家も太鼓判を押す、華やかで創造性豊かな料理の数々 3蔵を改装した趣あるバーラウンジ 4露天風呂付離れの客室

1

2

3

4

宿泊プラン

1泊2食付スタンダードプラン
1泊2食付(2名1室/1名分)
平日36150円～

小さな宿の場合、精算にクレジットカードが使用できないことも多いので事前確認を忘れずに。

稲取が華やぐ 春の風物詩

お花のようにかわいらしくなるように…

ウサギは神様のお使いとも

ハイハイをする這い子人形

愛らしい手縫いのつるし飾りが部屋一面に

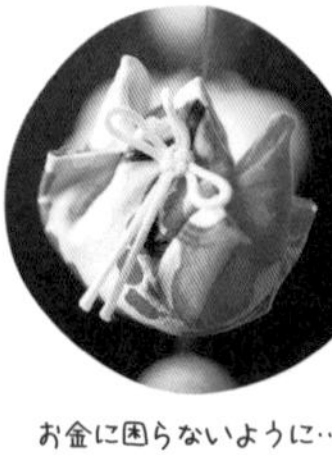

お金に困らないように…

稲取の名物ミカンも

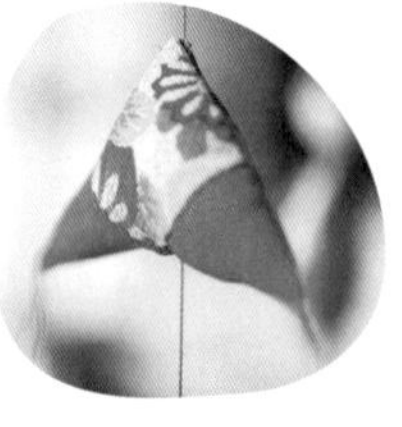

お香を入れる香袋

雛のつるし飾りまつり

ひなのつるしかざりまつり

母から娘へ受け継がれる稲取伝統の行事、桃の節句。はぎれで作ったぬいぐるみを赤い紐で吊るし、娘の成長や良縁を祈る。種類豊富なつるし飾りを楽しめる。

☎0557-95-2901（稲取温泉旅館協同組合）住東伊豆町稲取各所（メイン会場は文化公園雛の館など）営1月20日～3月31日 休無休 Pあり 交伊豆急行伊豆稲取駅から徒歩10～20分 MAP付録⑦ E-5

修善寺・天城

伊豆屈指の温泉地でもある修善寺。
その歴史は古く、開湯1200年以上ともいわれ、
歴史ある温泉宿や町並みは風情たっぷりです。

深い山の緑と清流に囲まれた天城には、
文人墨客が愛した名湯や源氏ゆかりの地も点在。
黒米や鮎、猪など、海鮮とは違った名物も味わいましょう。

修善寺・天城をさくっと紹介します

**歴史ある温泉地・修善寺と、山と川が織り成す自然の眺めが美しい天城。
川端康成をはじめ多くの文人たちにも愛され、
しっとり落ち着いた「和」の雰囲気に包まれています。**

旅の支度をととのえる 現地お役立ちミニ情報

三島から修善寺までは伊豆箱根鉄道駿豆線で

修善寺駅へは、JR三島駅に隣接する伊豆箱根鉄道三島駅から、駿豆線に乗車。天気のいい日は、車窓から富士山を眺めながら、約35分のローカル線の旅を楽しめます。修善寺より南下する場合は車が便利です。沼津ICから伊豆縦貫道へ入るとスムーズ。沼津ICから伊豆長岡まで約25分で抜けることができます。

修善寺駅前で、中伊豆各地へのバス情報を確認

修善寺駅南口を出ると、左手に東海バスの案内所があります。各種パンフレットが用意されており、さまざまな情報が入手できます。なお、修善寺温泉へは、駅南口を出て左手のバス乗り場1・3番線から乗車を。

東海バス修善寺駅前案内所
☎0558-72-5990
🕒8:00～17:00 休火曜

伊豆長岡駅前案内所ではレンタサイクルも可能

伊豆長岡駅前案内所近くでは、10:00～16:00の間、市内2か所でレンタサイクルをおこなっています。電動アシスト自転車や子ども用のマウンテンバイクなどもあり、1台500円～/日。本人確認書類の提示で借りることができます。狩野川沿いをのんびりサイクリングするのも気持ちがいいですね。

伊豆長岡駅前観光案内所
☎055-948-0304（伊豆の国市観光協会）🕒10:00～16:00
休無休

自転車の旅を楽しむ人に便利なサービス

伊豆箱根鉄道駿豆線では、自転車をそのままの状態で電車内に持ち込めるサイクルトレインを実施しています。対象駅、対象列車などは事前に確認しましょう。また修善寺駅から河津駅に向かう東海バス天城線の一部にも、自転車が積めるサイクルラックがついています。

伊豆箱根鉄道鉄道部
☎055-977-1207
東海バス修善寺営業所
☎0558-72-1841

ローカル線が走る
歴史ある温泉地

伊豆長岡《いずながおか》 P.92

世界遺産となった「韮山反射炉」があり、注目が集まる街。

史跡も多い
伊豆の小京都

修善寺《しゅぜんじ》

P.86

温泉街が開けた桂川沿いには、情緒あふれる「竹林の小径」がある。

緑豊かな
山間エリア

天城《あまぎ》

P.90

『伊豆の踊子』の舞台ともなった地。旧天城トンネルや湯道など趣ある風景が残る。

旧天城トンネルは、天城峠に1905（明治38）年に開通した石造りのトンネル。全長は445.5mあります。

伊豆の小京都、修善寺温泉街をおさんぽ

**開湯1200年の歴史ある湯の街、修善寺。
桂川のせせらぎの音を耳にしながら趣ある名所を散策したら、
温泉と和のスイーツでほっこりくつろぎのひとときを。**

ぐるっと回って
180分

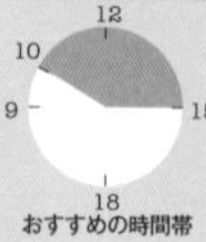

おすすめの時間帯

修善寺駅から東海バスに乗って温泉街へ。主な見どころは桂川沿いに集中していますが、路地裏まで足をのばすと源氏ゆかりの旧跡や昔懐かしい遊技場などもあり奥深く楽しめます。

167しっとりと美しい「竹林の小径」。途中の「ギャラリーしゅぜんじ回廊」には修善寺の四季の写真などを展示 2345「甘泉楼」では手湯やイートインもできる 89朝夕に美しい音を響かせる「修禅寺」の鐘。手水は温泉 10緑に映える「桂橋」。結ばれ橋とも呼ばれる恋愛成就スポットのひとつ

修禅寺《しゅぜんじ》

1200年ほど前に弘法大師によって開かれたとされる名刹。鎌倉時代に源頼家が幽閉され、戯曲『修禅寺物語』の舞台にもなった。

寺院 ♪0558-72-0053 伊豆市修善寺964 8:30～16:30(10～3月は～16:00) 休無休(宝物殿は臨時休あり、売店は無休) ¥境内自由、宝物殿は300円 Pなし バス停修善寺温泉から徒歩3分 MAP87

修善寺 名産店街 甘泉楼《しゅぜんじめいさんてんがいかんせんろう》

和洋菓子やわさび製品、干物などの特産品が並ぶみやげ店。伊豆十三夜焼きや生わさびがトッピングされた豆腐ジェラート、金目鯛の干物も人気。

土産物店 ♪0558-72-1178(湯の宿 花小道) 伊豆市修善寺968-3 10:00～17:00 休不定休 Pなし バス停修善寺温泉から徒歩5分 MAP87

独鈷の湯《とっこのゆ》

弘法大師が独鈷杵で岩を打ち、湧き出たと伝わる修善寺温泉の発祥の地。桂川の中にある三角屋根が目印。入湯は隣にある足湯「河原湯」で。

史跡・足湯 ♪0558-72-2501(伊豆市観光協会修善寺支部) 伊豆市修善寺 見学自由 Pなし バス停修善寺温泉から徒歩5分 MAP87

レンタル浴衣や着物で散策できます

「街ナビ ゆるり」では浴衣・着物・帯・ぞうり・バッグなどすべてそろっていて、着付けや手荷物預かりもしてくれます。

☎0558-88-9038 ¥4400円〜 MAP 87

11「桂橋」と「河原湯」を結ぶ桂川沿いの小径 12「河原湯」に足を浸してひと休み 13「筥湯」に併設の「仰空楼」からは温泉街を見渡せる 14道端の季節の花が郷愁を誘う 15 16隠れ家のような甘味処「茶庵 芙蓉」

ひと足のばして

伊豆の山草・軽石付(各種)1500円〜

花田舎

はないなか

修善寺自然公園の入口、寒蘭や山野草、雑木などを栽培しているお店。根腐れや植え替えの必要のない軽石付が手軽でおすすめ。

草花 ☎0558-73-1187 伊豆市修善寺3726-1 10:00〜日没 休不定休 Pあり バス停虹の郷下車すぐ MAP 付録④ A-4

茶庵 芙蓉 ちゃあんふよう

築100年の風情ある木造家屋で、抹茶970円(上生菓子付)や抹茶白玉あずき890円などをいただける。四季折々の花や紅葉の庭も美しい。庭でとれた梅を漬けた自家製梅ジュース560円も絶品。

甘味処 ☎0558-72-0135
伊豆市修善寺1082
10:00〜16:00 休火〜木曜、ほか臨時休あり Pなし
バス停修善寺温泉から徒歩10分 MAP 87

筥湯 はこゆ

鎌倉2代将軍源頼家も入湯したとされる名湯を気軽に楽しめる立ち寄り湯。木の香り豊かな檜風呂と脱衣所だけのシンプルで落ち着く造り。併設される高さ12mの望楼「仰空楼」からの眺めも清々しい。

立ち寄り湯 ☎0558-72-5282
伊豆市修善寺925
12:00〜20:30 休無休
¥350円
Pなし バス停修善寺温泉から徒歩3分 MAP 87

地元のおいしさがいっぱい 修善寺名物ランチ&おみやげ

和の風情あふれる修善寺ですが、ごはんは和も洋も充実。
しっかりと食べ応えのある料理から気軽に楽しめるカフェごはんまで、
気分にぴったりの地元メニューを見つけましょう。

黒米ごはんの 華やかなお弁当

地元食材がギュッと詰まった花車弁当1680円

めし屋みづ

めしやみづ

黒米、わさび、シイタケなど修善寺ならではの食材を生かした和食店。人気の花車弁当は、ひょうたん形の黒米&白米ごはんと色とりどりのおかずに、デザートかドリンクが付く。

和食 ☎0558-72-0546 伊豆市修善寺765 ⏰11:00〜14:00、17:00〜19:30（夜は完全予約制） 休火曜 Ⓟあり バス停修善寺温泉から徒歩3分 MAP付録⑦ B-3

温もりのあるレトロな店内でほっとひと息

MENU

修善寺懐古そば 1580円
えび天重 1380円
ディナーコース（予約） 4400円〜

山の幸たっぷり おこげもおいしい

山菜釜めし・範頼膳2398円

松葉茶屋

まつばぢゃや

創業50余年の老舗。修善寺自然公園の緑を眺めながら、豪華で味わい深い釜めしをいただける。釜めしは炊き上がりに30分ほどかかるため、事前に連絡してからの来店がおすすめ。

釜めし ☎0558-72-0576 伊豆市修善寺4281-41 ⏰10:30〜15:00 休火・水曜 Ⓟあり バス停もみじ林前下車すぐ MAP付録④ A-4

開放感のあるお座敷で景色も楽しめる

MENU

栗釜めし・頼家膳 2178円
鳥膳 2618円
みやげ山菜釜めし 1404円

裏路地のカフェで 伊豆のブランド牛を

伊豆牛ハヤシライス1045円。ミニサラダセットはプラス200円

honohono cafe

ホノホノカフェ

黒米や季節の素材を使ったヘルシーな料理やシフォンケーキが人気の、気軽に立ち寄れるカフェ。黒米や伊豆鹿などを使ったワンちゃん用の「イズシカ黒米クッキー」も販売。

カフェ ☎0558-72-2500 伊豆市修善寺882-9 ⏰11:00〜16:00 休火・水曜 Ⓟあり バス停修善寺温泉から徒歩8分 MAP付録⑦ B-4

静かな裏通りにありワンちゃん連れでもOK

MENU

黒米シフォンケーキ 450円
マルゲリータ 990円
B.L.Tサンド 990円

黒米って何？

修善寺名産の古代米。黒いお米は炊くと濃い紫色のごはんに。もっちりとしてコクがあり、香りも高いのが特徴です。ビタミンやミネラルが豊富で、健康効果も注目されています。

天城の湧水で育った
とろける食感のあまご

秘伝のたれに漬け込んだ紅姫あまごの漬け丼1650円

あまご茶屋 修善寺温泉店

あまごちゃやしゅぜんじおんせんてん

養魚場兼わさび農家が経営する店だからこそ提供できる新鮮素材を使った、天城ならではの料理がそろう。「清流の女王」ともよばれるあまごは、淡白ながら甘みのある味わい。

和食 ☎0558-73-2388 伊豆市修善寺765-1 🕒11:00～19:00 休水曜 Pあり バス停みゆき橋下車すぐ MAP付録⑦ B-4

清潔感があり女性でも入りやすい雰囲気

MENU

あまごの蒲焼重 1540円
あまごの塩焼き 660円
わさび鍋 1540円

フレンチ仕込みの
町の洋食屋さん

卵とハヤシソースが絡み合う特製オムライス

修善寺 no 洋食屋

しゅぜんじノようしょくや

ホテルで修業した若手フレンチシェフが、カレーやオムライスなど洋食の定番メニューを提供。じっくり手間ひまかけて作られた本格料理をカジュアルに楽しめる。

洋食 ☎0558-72-8971 伊豆市修善寺697-1 🕒11:00～14:00、17:00～20:00 休月・火曜（祝日の場合は営業） P修善寺温泉会館駐車場利用 バス停修善寺総合会館からすぐ MAP付録⑦ B-3

掘りごたつやちゃぶ台など昭和な雰囲気

MENU

オムライスハヤシソース 1650円
自家製野菜カレー 1500円
ふじのくにポーク生姜焼き 1300円

おみやげはコレ

大黒屋

だいこくや

創業1868(明治元)年の老舗の豆腐屋。良質な水と国産大豆を使って1つずつていねいに手作りされた湯葉やがんもどきが評判。

豆腐 ☎0558-72-0200 伊豆市修善寺989 🕒9:00～13:00、15:00～17:00 休日曜 Pあり バス停修善寺温泉から徒歩5分 MAP付録⑦ A-4

特製がんもどき2個640円

修禅寺ゆば150g800円～

狩野庄紅谷

かのしょうべにや

名物の手作り温泉まんじゅうは、ほどよい甘さのこし餡と皮のバランスが絶妙で、散歩のお供にもおすすめ。きんつばや手焼き煎餅も好評。

和菓子 ☎0558-72-4700 伊豆市修善寺703-4 🕒9:00～18:00 休火曜 Pあり バス停修善寺総合会館からすぐ MAP付録⑦ B-3

温泉まんじゅう10個入り980円

あまご茶屋ではあまご・わさび・原木しいたけなどを使った修善寺バーガーも人気です。

清らかな空気に包まれる 天城の滝をたずねて

川端康成の名作『伊豆の踊子』で知られる天城湯ヶ島と河津町。踊り子たちが歩いた天城街道を進むと、浄蓮の滝や河津七滝などの木漏れ日にきらめく美しい滝に、心癒されます。

ぐるっと回って

240分

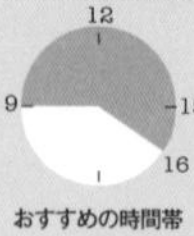

おすすめの時間帯

沼津ICから約90分、森林ドライブを楽しみながら浄蓮の滝へ、河津方面をめざして伊豆半島を下ります。全部で7つの滝を巡る河津七滝の遊歩道は片道約2km。のんびり歩いて片道60分ほどのコースです。

1

2

3

6

7

4

5

1 3 4 「日本の滝百選」にも選ばれている「浄蓮の滝」。滝つぼのすぐそばまで近寄れ、わさび田も広がる

2 河津川にかかる7つの滝「河津七滝（かわづななだる）」。上流から釜滝、エビ滝、蛇滝、初景滝、カニ滝、出合滝、大滝と続く。最も有名なのは伊豆の踊子像がある写真の初景滝

5 7 七滝のカニ滝と出合滝

6 大滝の落差は30m。七滝で一番の高さを誇る

6月は美しいホタルに出会えます

例年6月には猫越川と本谷川の合流点、出会い橋を中心にホタルの乱舞が見られます。観賞は気温と湿度が高い夜がベストです。

伊豆の佐太郎

‖湯ヶ島‖いずのさたろう

天城名物のミニわさび丼とジビエの猪肉焼きを同時に味わえる「郷土料理セット」2310円がおすすめ。冬場は猪鍋（要予約）も提供。

猪料理 ☎0558-85-0534 伊豆市湯ヶ島2859-29 🕒11:00～15:00 休火・金曜 Pあり バス停浄蓮の滝からすぐ MAP91

旧天城トンネル

‖湯ヶ島～河津‖きゅうあまぎトンネル

『伊豆の踊子』の舞台である、日本最長の石造りの道路トンネル。湯ヶ島側と河津町側では扁額の彫り方が異なる。国の重要文化財。

史跡 ☎0558-85-1056（伊豆市観光協会天城支部） 伊豆市湯ヶ島～河津町 Pあり バス停水生地下から徒歩35分 MAP91

※2024年3月末まで、河津町旧道414号の工事のため通り抜け不可

七滝茶屋

‖河津‖ななだるぢゃや

大滝入口にある、完熟イチゴを使ったスイーツメニューが充実した食事処。わさび丼850円や猪鍋定食2300円なども人気。

茶店 ☎0558-36-8070 河津町梨本363-4 🕒10:00～16:30 休不定休 Pあり バス停河津七滝からすぐ MAP91

伊豆最大の大滝 リバティーリゾート AMAGISO

‖河津‖いずさいだいのおおだるリバティーリゾートアマギソウ

河津七滝のひとつであり伊豆最大級の大滝を擁する、野趣あふれる絶景露天風呂が楽しめる。混浴のため水着着用。

立ち寄り湯 ☎0558-35-7711 河津町梨本359 🕒10:00～16:00 休水曜 ¥1000円（＋500円で水着・バスタオルレンタルあり） Pあり バス停大滝入口からすぐ MAP91

文人も歩いた「湯道」を散策

かつて地元の人が共同湯に通うために通った道。渓流に寄り添うように続く小道は深緑や紅葉の時期が美しく、井上靖『しろばんば』にも登場しました。MAP91

滝の周りは、マイナスイオンがたっぷり。深呼吸して癒されて。

myことりっぷ

三島から行くローカル線さんぽ のんびり伊豆箱根鉄道駿豆線の旅

新幹線が停車する三島と、伊豆を代表する温泉地・修善寺を結ぶ路線。
町を抜け、畑を眺め、川に沿って走る、全線乗っても35分ほどの小さな旅です。
ランチにギャラリーに世界遺産まで、沿線にはお楽しみがいっぱいですよ。

食通が県内外から集まる素材を活かしたフレンチ

A gawa Mishima

‖三島田町‖ガワミシマ

沼津港で仕入れる鮮魚と、契約農家の畑から直接届く朝どれ野菜や新鮮な地野菜を使ったフレンチが魅力。絵画のような盛り付けや皿なども独創的で美しく、一皿ごとに感激。

レストラン ☎055-972-5040 ⌂三島市北田町1-13 ◷12:00～、18:45～（完全予約制、コースの食事が終わり次第退店）休日曜（金曜はランチのみ休）Pあり !!伊豆箱根鉄道駿豆線三島田町駅からすぐ MAP付録⑥ B-2

1ランチは5500円～、ディナーは8800円～。入荷素材によってメニューが決まる 2大きな窓から景色を楽しめる

幕末期の歴史を物語る世界遺産

B 国指定史跡 韮山反射炉

‖伊豆長岡‖くにしていしせきにらやまはんしゃろ

江戸時代末期、金属を溶かして大砲を造るために建てられた溶解炉。実際に大砲を製造した反射炉で現存しているのはここだけ。2015年に世界遺産に登録された。

史跡 ☎055-949-3450 ⌂伊豆の国市中260-1 ◷9:00～17:00（10～2月は～16:30）休第3水曜（8月は無休）¥500円 Pあり !!伊豆箱根鉄道駿豆線伊豆長岡駅から徒歩20分 MAP付録④ C-1

1現存するのは2基の反射炉。かつては周辺に複数の施設が並んでいた 2製造された大砲のレプリカが展示されている

韮山反射炉を建造した江川太郎左衛門の屋敷。民家として初の重要文化財。入館料750円（2024年3月までは650円）

蛭ヶ島公園など、源氏、北条氏にゆかりのある場所も点在している

修善寺駅内「舞寿し」の、肉厚どんこが入った「武士のしいたけ弁当」1300円がおすすめ

三島田町《みしまたまち》

1日フリーの「旅助け」がオトク

三島〜修善寺間が1日乗り降り自由のフリー乗車券「旅助け」。途中下車の旅にぴったりで、記念品として持ち帰っても。1100円。

■1光がとても美しい、外と中の中間のような空間。企画展の展示品や作家の立体作品を購入できる ■2年月を重ねてできた空間でいただく、手作り焼き菓子とこだわりのコーヒーは格別の味わい

倉庫を改装したギャラリー＆カフェ

B noir/NOKTA/trois truss

‖伊豆長岡‖ノワールノクタトロワトラス

建築家でもあるオーナーが、倉庫を改装し造ったギャラリー。さまざまな感性で集められた作品の展示をおこなう。余白のある空間に身を置き、作品と向き合いながらゆったりとした時を過ごすことができる。

カフェ・ギャラリー ☎055-949-7821 ⌂伊豆の国市中750-1 ⏰11:00〜17:00（展示期間中のみオープン） 休木曜 ¥見学無料 Pあり 👣伊豆箱根鉄道駿豆線伊豆長岡駅から徒歩10分 MAP付録④ C-2

ライ麦の風味が生きた本格派のドイツパン

C Bäckerei DANKE

‖田京‖ベケライダンケ

■1店主がドイツで学んだ、芳醇な香りと奥深い味わいは、焼きたてのライ麦を使い実現している ■2イートインコーナーもある

甘くやわらかな酸味や重厚な風味など、独特の味わいが特徴のドイツパンを扱う希少なお店。ドイツパンは多くのミネラルやアミノ酸などを含み健康や美容にもよい。

ベーカリー ☎0558-76-8777 ⌂伊豆の国市三福637 ⏰10:00〜18:00（土曜、祝日は〜16:00） 休日曜、祝日の月曜 Pあり 👣伊豆箱根鉄道駿豆線田京駅から車で10分 MAP付録④ C-3

いちご尽くしの幸せ空間

C いちごBonBon BERRY 伊豆の国factory

‖田京‖いちごボンボンベリーいずのくにファクトリー

「道の駅 伊豆のへそ」内にある、いちごをテーマにしたカフェ、テイクアウト、売店からなる専門店。いちごをたっぷり使った約110種類の商品がそろう。

カフェ・おみやげ ☎0558-99-9300 ⌂伊豆の国市田京195-2 道の駅伊豆のへそ内 ⏰10:00〜16:30（土・日曜、祝日は9:00〜、テイクアウトは〜17:00） 休無休 Pあり 👣伊豆箱根鉄道駿豆線田京駅から徒歩10分 MAP付録④ B-3

■1パステル調のかわいらしい空間 ■2「いちごのバームクーヘン」1296円 ■3いちごが旬の季節は、カフェが期間限定でビュッフェスタイルになることも

伊豆箱根鉄道を走る電車には、全1812本の中で1つだけ、ハートの形の吊り革が隠れています。見つけた人はハッピーになれそう。

ひと足のばして
緑に囲まれたスローカフェへ

**葉陰から差し込む木漏れ日、頬をなでるやさしい風。
人里離れた緑に囲まれたカフェでは、ゆっくりとした時間が流れています。
手作りスイーツも体にやさしいものばかりです。**

MENU
米粉のカレードーナツ 390円
ぶどう食パン980円
ソフトドリンク 450円〜

1テラス席頭上のフジ棚は4月下旬〜5月上旬には満開に 2やわらかビーフシチューセット(ドリンク付き)2280円 3パン・ドリンクともにテイクアウトもOK

天城の緑を眺め、足湯につかりながら…

Bakery&Table 東府や ‖吉奈‖ベーカリーアンドテーブルとうふや

「東府やResort & Spa-Izu(P.101)」敷地内にあるベーカリーカフェ。テラス席で足湯につかりながら食事ができる。国産小麦と天然酵母で風味豊かに仕上げられた、バラエティ豊かなパンが約50種そろう。

カフェ ☎0558-85-1002 伊豆市吉奈98 🕒10:00〜17:00(日曜、祝日は9:30〜) 休無休 Pあり バス停吉奈温泉から徒歩6分 MAP付録⑦ D-3

天城の緑に囲まれピクニック気分で

pikiniki

‖湯ヶ島‖ピキニキ

たっぷりの具でボリュームあるサンドイッチをバスケットに入れ、ピクニックグランドの木陰でのんびりランチが楽しめる。サンドイッチのお供にはオセアニアスタイルのスペシャリティコーヒーがおすすめ。

カフェ ☎0558-79-3532
伊豆市湯ヶ島2860-2
🕒11:00〜16:00 休水・木曜
Pあり
バス停岩尾からすぐ
MAP91

MENU
B. L. T1300円
わさびとサーモンクリームチーズ 1650円
ロングブラックコーヒー 610円

1店内も木のぬくもりたっぷり 2さわやかな風がそよぐピクニックグランド 3絶妙なブレンドと独自の熱風焙煎で焙煎されたコーヒー豆を使用 4自家製カンパーニュを使用

手ぶらでも楽しめるピクニック

「pikiniki」のピクニックグランドではレジャーシートやイスが無料でレンタルできます。持ち込みなどについては事前に確認しましょう。

人の温かさと豊かな自然に癒やされる

ゲストハウス＋カフェわ

‖伊豆の国‖ゲストハウスアンドカフェわ

かまどで炊き上げるごはんに畑で育てる野菜、地元食材を使った料理には小さな野花が彩り、心もお腹もほっこり。隣には築100年以上の古民家ゲストハウスがあり、自然に囲まれたスローな時間を満喫できる。

MENU

食数限定ランチ1800円
レーヌカさんのスリランカカレー1500円
あんみつパフェ900円

1納屋をリノベーションしたカフェ 2スリランカ人レーヌカさんの家庭で調合、焙煎したスパイスで作るチキンカレー 3「スペシャリティコーヒー・スリランカ」900円 4パフェスタイルのあんみつ 5ゲストハウスは1棟貸切

古民家カフェ ☎055-950-9289
伊豆の国市奈古谷1048-1 11:00〜16:00、18:00〜21:00（夜は予約制）、ランチ11:30〜14:00 休水曜、第2・4火曜 Pあり バス停奈古谷温泉口から徒歩5分 MAP付録⑦ E-2

MENU

本日の菓子とコーヒーのセット900円
抹茶ラテ650円
伊豆梅ジュース450円

1四季の移り変わりを感じる「本日の菓子とお抹茶のセット」900円 2渓流の音を聞きながら、くつろげる 3大きな窓ガラスから森の風景が見える

川床のようなテラス席でゆったりお茶を

CHAKI CHAKI

‖吉奈‖チャキチャキ

まるで森の中にいるような、自然に囲まれた空間は時間を忘れてゆっくりとできる。店主お手製の日替わり和菓子やあんみつ、梅ジュースが人気。

カフェ ☎0558-85-0888
伊豆市吉奈5-1 11:00〜15:00 休日〜火曜
Pあり バス停吉奈温泉口から徒歩10分 MAP付録⑦ D-3

「ゲストハウス＋カフェわ」のコーヒーは、店主が集めた有田焼や古伊万里のカップで味わえます。

わさび、ズガニ、イノシシ、鮎……
山の名物は中伊豆にあります

**天城連山に囲まれ狩野川が流れる中伊豆エリア。
清流に育つ鮎やズガニ、天城山中に生息するイノシシ。
名水で打つ蕎麦に天城のわさびを添えていただきましょう。**

蕎麦

断食後の禅僧の食事にちなんだ禅寺そば1320円が名物。葉付わさびが1本付くのが特徴で、自分ですりおろすわさびの味は格別。そのほか薬味にはゴマ、山菜にうずらのたまごを落としたとろろも出される。

禅風亭なゝ番

‖修善寺‖ぜんふうていななばん

☎0558-72-0007
伊豆市修善寺761-1-3
10:00～15:30
休 木曜
P あり
バス停修善寺温泉からすぐ
MAP 付録⑦ B-4

囲炉裏のある店内は、民芸調で安らげる雰囲気

イノシシ鍋

天城山中で仕留めたイノシシ料理が名物。ドングリや木の実を食べて育った天城のイノシシはイベリコ豚のように旨みが強いとか。旬の野菜たっぷりの鍋（10～4月のみ）は、ごはんやうどんを入れて最後まで楽しんで。

ささの

‖月ヶ瀬‖

☎0558-87-0736
伊豆市月ヶ瀬128-1
11:00～19:00 休 不定休
P あり バス停篠原からすぐ
MAP 付録⑦ D-3

猪鍋は1人前2200円。猪焼肉丼1430円は、上質な脂身の甘味が人気

蕎麦

天然の山菜や自家製の有機野菜などをふんだんに使用した、四季折々のメニューが楽しめる手打ちそばの店。店主が毎朝打つそばは、雑味がなく香り豊か。サクッとジューシーな地元産しいたけの天ぷらも人気。

やまびこ

‖修善寺‖

☎0558-72-7575
伊豆市修善寺3726-1
11:00～16:30
休 金曜 P あり バス停もみじ林前から徒歩3分
MAP 付録④ A-4

修善寺湯葉そば1350円。地元の湯葉、季節の小鉢と一緒に

天城のわさびがおいしい理由

甘み、風味、爽やかな香りと三拍子そろった天城のわさび。きれいな湧き水と安定した気温のおかげでいいわさびが育つそうです。

鮎料理

(左)鮎釜飯と塩焼定食2200円。独特な香りが鼻に抜けていく (下)座敷にカウンター席もそろう

鮎料理で知られる川魚の専門店。鮎の洗いや塩焼き、鮎雑炊などが人気。狩野川でとれる鮎の旬は5〜10月で、身が成熟し香りもいっそう高くなる。その時期は身のしまった鮎を洗いでいただくのがおすすめ。

鮎茶屋

‖大仁‖あゆちゃや

☎0558-76-5222
伊豆の国市大仁440
11:30〜14:00 休 月曜
P あり 伊豆箱根鉄道駿豆線大仁駅から徒歩3分
MAP 付録④ B-3

わさび

かつお節がたっぷりのったご飯の上に、自分ですったわさびと醤油をかけていただく、わさび丼700円が評判。本わさび本来のおいしさをダイレクトに味わえる。わさび漬け作り体験(要予約)やわさび商品の販売も。

なめらかな舌ざわりで口あたりはマイルドだが、風味と辛さがツーンと鼻に抜けて刺激的

わさび園かどや

‖河津‖わさびえんかどや

☎0558-35-7290 河津町梨本371-1 9:30〜17:00(食堂は〜14:00、売り切れ次第終了) 休 水曜 P あり バス停河津七滝からすぐ MAP 91

わさび丼と蕎麦のお得なセットメニューもある

ズガニ料理

ズガニの生けすがあり、一年中ズガニ料理が食べられる店。狩野川ズガニうどん1100円はズガニの濃厚なダシを加え、味噌仕立てにしたうどん。ふわりと口いっぱいに広がる川ガニならではの風味が楽しめる。

安兵衛

‖修善寺‖やすべえ

☎0558-72-0917
伊豆市修善寺868-1 11:00〜13:30、17:30〜22:30 休 水曜 P あり バス停みゆき橋からすぐ MAP 付録⑦ B-4

ズガニの旬は11〜12月。寒くなるにつれ旨みと甘みが増してくるそう

一般にモクズガニと呼ばれる、ふさふさの毛に覆われたツメを持つ伊豆名物のズガニ。昔から伊豆の各家庭で食されています。

修善寺の老舗旅館を
昼食付き入浴プランでお気軽に

**明治の文人墨客や各界の著名人も多く訪れた修善寺。
そんな要人たちに愛された名旅館も、昼食付入浴プランなら
敷居の高さを感じず気軽にその雰囲気を体験できます。**

Plan

1872(明治5)年創業の老舗。歴史を感じる風格ある佇まい

文化財ガイド(有料)に参加。まずは「渡りの橋」を見学

旅館のシンボル「青州楼」。深い歴史に思わず感心

お待ちかねのお風呂へ。湯上がりは庭を眺めながらひと息

いよいよお昼。伊豆の旬が詰まった会席料理をいただきます

1 昼食は旬の会席膳コース　2 1934(昭和9)年完成の「天平大浴堂」。伊豆石や檜を贅沢に使用　3 4 貸切風呂の「翡翠(ひすい)」(写真左、無料)「睡蓮」(写真右、有料1回45分1100円)。どちらも日帰りプランで利用できる　5 穏やかな時が流れる

貴重な名建築と源泉かけ流しの湯を楽しむ

新井旅館 あらいりょかん

建物15棟が文化財に登録されている老舗宿。桂川の水を引き入れた日本庭園は昔と変わらない風情がある。昼食付入浴プランでは、季節ごとの会席膳と天平大浴堂や貸切風呂が楽しめる。逗留した文豪や建物について解説してくれる「文化財ガイド」に参加してみて。

☎0558-72-2007 住伊豆市修善寺970 ¥1泊2食付(2名1室/1名分)28200円～ ⏰IN15:00 OUT11:00 室和31 Pあり 🚶バス停修善寺温泉から徒歩3分 MAP付録⑦ A-4

information

●入浴・昼食・休憩セット
¥7300円～
⏰11:30～14:30
休木曜
2名以上、3日前までに要予約
アメニティ：タオル無料、バスタオル・浴衣貸出無料
※貸切風呂利用無料

文化財ガイドに参加しましょう

「新井旅館」では専任ガイドが文化財の建物を案内してくれます。¥宿泊・昼食利用者限定500円 🕒1日2回10時・16時、約40分間

1

2

3

4

1 1万5000坪もある壮大な日本庭園
2 昼食の品々は目でも楽しませてくれる
3 達磨山を望む「夕焼けの露天風呂」
4 「光の露天風呂」

デザイナーズ空間でゆったり湯浴みと昼食を

宙 SORA 渡月荘金龍《そらとげつそうきんりゅう》

光と空間にこだわったモダンな湯宿。湯は四季の移ろいを楽しめる露天風呂と木組みの高い天井が開放的な大浴場。昼食は、吉野杉を薄く削った光が透過する壁など、和の粋が現代にマッチしたデザインの個室ダイニングで。食後は1万5000坪を誇る庭園の散策がおすすめ。

☎0558-72-0001 ⌂伊豆市修善寺3455 ¥1泊2食付(2名1室/1名分)27650円～ 🕒IN15:00 OUT10:00 室和29 Pあり 🚶バス停修善寺温泉から徒歩8分 MAP付録⑦ A-4

information

●入浴・昼食・個室休憩セット¥5900円～
🕒11:30～14:30
休不定休
2名以上、3日前までに要予約
アメニティ：タオル無料、バスタオル貸出無料
※貸切露天風呂は別途2000円(40分)

Plan

修善寺温泉の中心部ながら高台に位置する静かな場所

お食事は個室モダンダイニングで(要予約)

サウナや低温風呂など、充実の内湯

この内湯の先に、自然に囲まれた「光の露天風呂」がある

広々としたロビーからは、美しい庭園が眺められる

紅葉シーズンの桂川は格別の美しさ。また温泉街からバスで約5分の修善寺自然公園も、紅葉の名所として知られています。

マイナスイオンを吸い込んで…緑に包まれた癒しの宿

伊豆といえば豊かな自然も魅力。
山あいの緑に囲まれた宿で新鮮な空気を吸い込んで
ゆったりと過ごせば、日々の疲れも自然と癒されるはず。

1歴史を感じさせる回廊　2客室「風の語り部ツイン」29m²　3月替わりで楽しめる趣肴会席　4湯上がりには牛乳や乳酸菌飲料のサービスも　5風格とモダンが融合した湯宿　6光あふれる大浴場の露天風呂　7緑に菊の紋をあしらった内湯

緑に包まれた長い歴史を誇る湯宿

湯回廊 菊屋 ‖修善寺‖ゆかいろうきくや

夏目漱石も逗留した、明治創業の歴史ある老舗宿。重厚な佇まいで、3000坪の見事な日本庭園や長い回廊などに風情と風格が漂う。庭園露天風呂や中庭のデッキテラスなど、緑に囲まれながらゆったりとくつろぐことができるのも魅力。24時間くつろげるラウンジや、手もみ処といったリラクゼーション施設もある。

☎0558-72-2000
伊豆市修善寺874-1
IN15:00 OUT11:00
室 和62、和洋8、洋1 P あり
バス停修善寺温泉からすぐ
MAP 付録⑦ B-4

宿泊プラン

風の語り部
1泊2食付(2名1室/1名分)
平日29000円～

歴史ある中伊豆の温泉

伊豆半島で最も歴史がある「修善寺温泉」をはじめ、奈良時代から湯治場として栄えた「吉奈温泉」など中伊豆は伊豆を代表する温泉地でもあります。

伝統とモダンが融合したくつろぎ空間

東府や Resort&Spa-Izu ‖吉奈‖とうふやリゾートアンドスパイズ

起源は江戸時代という老舗宿。全室露天風呂付「ヴィラスイート」が人気。吉奈川沿いの広大な敷地には客室、温泉、スパなどが点在している。日本情緒あふれる空間でゆったりと癒されて。

☎0558-85-1000 ⌂伊豆市吉奈98 ⏰IN15:00 OUT11:00 室和1、洋6、半露天風呂付13、露天風呂付10 Ⓟあり ‼バス停吉奈温泉口から送迎あり（無料、要連絡） MAP付録⑦ D-3

宿泊プラン

1泊2食付プラン
1泊2食付（2名1室/1名分）
平日31650円～

温泉半露天風呂付客室プラン
1泊2食付（2名1室/1名分）
平日41650円～

離れ ヴィラスイート

1行基上人が発見した吉奈温泉を6つの湯で楽しめる 2夕食の一例 3足湯を併設したベーカリー＆カフェもある（☞P.94）

禅をコンセプトにした温泉宿

モダン宿坊 禅の湯 ‖河津‖モダンしゅくぼうぜんのゆ

源泉かけ流しの風呂や岩盤浴などが楽しめ、露天風呂からは山々が望める。食事は健康的な創作料理。日曜の早朝には、誰でも参加できる座禅会があるので挑戦してみてはいかが。

☎0558-35-7253
⌂河津町梨本28-1
⏰IN15:00 OUT10:00
室和7、洋3、和洋1
Ⓟあり
‼バス停慈眼院前からすぐ
MAP91

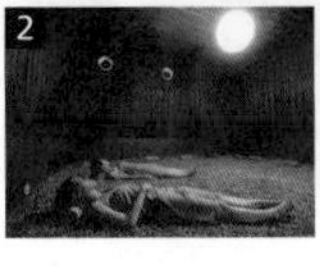

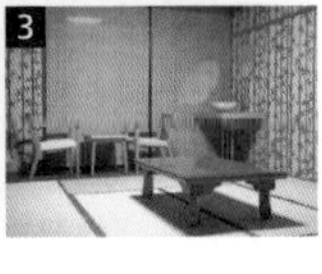

1檜のデッキが心地よい露天風呂 2女性にうれしいリラックス効果のある岩盤浴も用意 3内装が少しずつ異なる客室

宿泊プラン

1泊2食付プラン
1泊2食付（2名1室/1名分）
平日10930円～

体にやさしい料理はほっとする味

「モダン宿坊 禅の湯」では日帰り入浴も楽しめます。利用可能時間は10～14時（木曜休）、料金は1000円です。

憧れ露天風呂付き客室で至福のおこもりステイ

身近になってきた露天風呂付客室のある宿。
なかでも女性が泊まって満足できるお宿をピックアップ。
プライベートバスのあるくつろぎを味わえます。

1

5

6

2

3

4

7

1 2 メゾネットスイート「竜田」の露天風呂と2階リビング
3 ライブラリーラウンジ　4 大浴場「せきれいの湯」
5 風情あふれるアプローチ　6 気軽にくつろげる足湯
7 季節感を盛り込んだ夕食はダイニング「月の池」で

和の粋とモダンを随所に感じる安らぎの宿

湯めぐりの宿 吉春 ‖伊豆長岡‖ ゆめぐりのやどよしはる

露天風呂付き客室はそれぞれ異なる造りで、湯上がりに庭を眺めながらくつろげるオープンテラスが心地いい。露天風呂付メゾネットスイートでは、木のぬくもりを感じながらワンランク上の贅沢を満喫できる。和風情緒あふれる大浴場や足湯、貸切露天風呂までそろうので、のんびり湯めぐりを堪能して。

☎055-948-1212 ⌂伊豆の国市長　岡989-10 ⏲IN15:00 OUT 10:00 室和11、露天風呂付和4、和洋3、半露天風呂付和洋2、露天風呂付メゾネットスイート6 Pあり 🚶バス停分譲地前から徒歩5分 MAP付録④ B-2

宿泊プラン

露天風呂付メゾネットスイート
1泊2食付（2名1室/1名分）
平日44000円～

スタンダード客室
1泊2食付（2名1室/1名分）
平日17600円～

貸切露天風呂で優雅な湯めぐり

「湯めぐりの宿 吉春」では5つの貸切露天風呂があり、空いていれば予約なしで自由に利用できます。岩風呂やひのき、ハーブの湯など多彩です。

清流と深い緑に心癒されて

谷川の湯 あせび野

‖湯ヶ島‖たにがわのゆあせびの

懐かしさを感じる和のテイストを取り入れた宿。温泉は自家源泉かけ流し、客室すべてに専用のテラスと清流に面した露天風呂を配している。大浴場の露天風呂も天城の深い緑に囲まれ心が安らぐ。

☎0558-85-1926 ⌂伊豆市湯ヶ島1931-1 ⏰IN14:30 OUT10:30 室和7、洋1、和洋10 Pあり バス停外野からすぐ（バス停湯ヶ島から送迎あり、バス停到着後要連絡） MAP91

1世古峡の緑が美しいロビー　2野天風呂「世古の湯」　3客室露天風呂のそばにはくつろげるイスも用意　4和と洋が融合した客室。食事は個室のダイニングでいただく

宿泊プラン

1泊2食付プラン（客室露天風呂付）
1泊2食付（2名1室/1名分）
平日33150円～

宿泊プラン

露天風呂付和室
1泊2食付（2名1室/1名分）
平日35200円～

1和洋の間に露天風呂、ベッドが付く贅沢な客室も好評　2京都で修業を積んだ料理長による旬彩懐石　3部屋からも山の風情が楽しめる　4石と木をふんだんに使用した貸切露天風呂

自然に抱かれた多彩な湯殿と格調高い空間美

湯宿 嵯峨沢館

‖天城‖ゆやどさがさわかん

天城の山々を見渡す石造りの露天風呂やヒノキと伊豆石を使った大浴場など、源泉かけ流しの湯が満ちる多彩な浴場で温泉三昧。広々とした露天風呂付客室では、狩野川のせせらぎをBGMに優雅な時を過ごせる。

☎0558-85-0115 ⌂伊豆市門野原400-1 ⏰IN14:30 OUT10:30 室和（露天風呂付）15、和洋（露天風呂付）6 Pあり バス停嵯峨沢温泉からすぐ MAP付録⑦ D-3

自然豊かな中伊豆。チェックイン前に荷物を預けて宿の周りをのんびりおさんぽしてみるのもおすすめです。

ロープウェイやケーブルカーで山頂へ富士山と絶景パノラマに感動

伊豆半島には富士山を望むスポットも多数あります。
山頂には富士山を快適に眺めるためのおもてなしが満載。
心ゆくまで絶景を楽しみましょう。

1

2

3

1碧テラスのソファーエリア。さえぎるもののない大パノラマを満喫 2碧テラスの「ザ・ウォーターラウンジ」は1ドリンク制 3ロープウェイは片道1800m 4碧テラスの水盤に逆さ富士が現れることも

4

三色おはぎ650円、ぐり茶450円

個室感覚のプライベートガゼボでのんびり。予約制で45分3000円～

開放的な天空ソファで絶景に見とれる

伊豆パノラマパーク ‖伊豆長岡‖いずパノラマパーク

標高452mの葛城山山頂に広がる展望広場「碧テラス」では、目の前に富士山と駿河湾を一望。ソファやベンチ、富士山が映り込む水盤など撮影スポットもくつろぎ方も多彩。

景勝地 ☎055-948-1525 住伊豆の国市長岡260-1 時9:00～17:30（10月16日～2月15日は～17:00）休無休（メンテナンスや荒天による運休あり）¥往復2500円 Pあり 交バス停伊豆の国市役所からすぐ MAP付録④ B-3

自分だけの空間で絶景と甘味を

かつらぎ茶寮 かつらぎさりょう

絶景を眺めながら軽食やスイーツが食べられる山頂の和カフェ。窓の大きな店内テーブルと、山の斜面に張り出した屋外デッキのカウンター席がある。おはぎやわらびもちが人気。

和カフェ 住伊豆パノラマパーク山頂・碧テラス内 時9:00～17:00（冬期は～16:30）休無休 MAP付録④ B-3

山頂はひとつの大きな公園

富士山が見える方面だけでなく、天城連山や修善寺温泉街を望む展望台や葛城神社など山頂一帯に見どころが点在しています。

季節ごとに変わる
森の彩りがいいね

木もれびが美しい山頂のボードウォーク。木々の間を抜けると展望台が現れる。無料で入れる「富士見の足湯」も絶景ポイント

メインが選べるセットメニュー 2750円。目でも楽しめる3種のアンティパストとパンが付く

県産食材を味わうイタリアンランチ

トラットリア伊豆パラディーゾ

トラットリアいずパラディーゾ

セットメニューは3種類の前菜とパンが付き、メイン料理はパスタや沼津港産鮮魚のロースト、静岡県産ポークなど9種類から選べる。店内の窯でさっくり焼き上げたピザが評判。

イタリアン 伊豆パノラマパーク山麓駅1F
11:00〜15:00
休 無休
MAP 付録④ B-2

十国峠では360度の絶景パノラマがお待ちかねです

1ハンモックに体をあずけて絶景を満喫 2富士山をバックにインパクト大のモニュメントと記念撮影 3山頂「TENGOKU CAFE」のモンブラン1000円は静岡茶を使用

山頂から望む見渡す限りの大自然

PANORAMA TERRACE 1059

‖函南‖パノラマテラスいちまるごーきゅー

伊豆、駿河、信濃など十の国を見渡せるほどの景勝地「十国峠」山頂へはケーブルカーで約3分。デザイン性がさまざまなデッキに座ったり寝転んだりして、壮大な景色を味わえる。

景勝地 ☎0557-83-6211 函南町桑原1400-20 9:00〜17:00 休 無休（荒天時ケーブルカー運休の場合あり） ¥ 往復730円 P あり バス停十国峠登り口からすぐ MAP 付録⑦ E-1

十国峠には360°にパノラマを楽しみながら泊まれるグランピング施設もあります。

季節の花を求めて メルヘンの国へ…

カナダ村はネルソン市の
古い街並みを再現

園内を走行する
ロムニー鉄道

5000株の花ショウブは
6月が最盛期

イギリス村の花壇は国旗の形

ロイヤル・ローズ・ガーデン

シャクナゲは
3月下旬～5月中旬が見ごろ

紅葉の時期にはライトアップも

修善寺 虹の郷

しゅぜんじにじのさと

シダックスグループが運営する文化と花のテーマパーク。東京ドーム10個分の広大な園内に、季節の花々が咲き乱れる。外国の街並みを表現したエリアや、伝統工芸体験など、見どころたくさん。

☎0558-72-7111 ⌂伊豆市修善寺4279-3
🕒9:00～17:00、10～3月は～16:00（開園は季節により異なる）休火曜（季節により異なる）¥1220円
Pあり 🚶バス停虹の郷からすぐ MAP付録④ A-4

西伊豆・三島 沼津

海岸沿いに富士山のビュースポットが続く西伊豆は
夕陽の名所も多く、気持ちのよい海岸線ドライブがおすすめ。
なまこ壁の建物が残る松崎も、風情ある町あるきが楽しめます。

美しい水辺が街中にあふれ、のんびり散策を楽しめる三島と、
新鮮な魚料理が味わえる沼津港がにぎわいを見せる沼津は
どちらも車・電車でアクセスしやすく、
都心からは日帰り旅も楽しめる街。
熱海と並ぶ、伊豆旅の拠点です。

西伊豆・三島・沼津をさくっと紹介します

**富士山や夕日が美しい絶景スポットが続く西伊豆はドライブにぴったり。
せせらぎの街・三島と、新鮮魚介が味わえる漁港が人気の沼津は、
アクセスも便利で日帰りも楽しめます。**

旅の支度をととのえる 現地お役立ちミニ情報

土肥、堂ヶ島、松崎へは修善寺駅が玄関口

西伊豆は鉄道が走っていないので、伊豆箱根鉄道駿豆線修善寺駅から路線バスを利用するのが一般的。修善寺駅南口を出て左手に東海バスの案内所とバス乗り場があります。

東海バス修善寺営業所
☎0558-72-1841
🕒9:00～16:30 休無休

南伊豆から西伊豆へは伊豆急下田駅からバスで

南伊豆から西伊豆へ移動するなら、伊豆急行伊豆急下田駅が玄関口。駅前のバスターミナルから松崎、堂ヶ島方面行きの路線バスが、毎時1～2便出ています。

東海バス下田駅前案内所
☎0558-22-2511
🕒8:45～12:30、13:30～17:00
休無休

三島駅で降りたら、南口からスタートが基本

三島駅にはJRの新幹線や東海道本線、伊豆箱根鉄道駿豆線が乗り入れています。JR駅には南口と北口があり、路線バスの乗り場やレンタカー営業所、宿泊施設の大半があるのは南口側です。

三島観光案内所
☎055-946-6900
🕒9:00～17:00 休無休
MAP付録⑥ B-1

沼津観光には「わくわくワンデーバスチケット」が便利

「わくわくワンデーバスチケット」は、沼津駅を中心に三島周辺を含む路線バスのフリー区間が1日乗り降り自由。乗車券は1000円で、区間を運行する東海バス・伊豆箱根バス・富士急シティバスの各案内所(沼津産業ビル1階)などで販売しています。

東海バス沼津駅前案内所・
伊豆箱根バス沼津駅前案内所
☎055-962-7966(東海バス)、
055-952-1800(伊豆箱根バス)
🕒9:30～13:00、14:00～18:00
(土曜は～17:00)
休木・日曜、祝日

三島の観光地をおトクなバスで回る

「みしまるきっぷ」1500円は、三島駅南口から、三嶋大社や柿田川公園、日本最長の吊り橋「三島スカイウォーク」などの名所を回る路線バスが乗り放題。三島駅前の東海バス案内所で販売しています。

東海バス三島駅前案内所
☎055-975-0196
🕒8:00～13:15、14:15～17:00
(土・日曜、祝日は14:00～16:00)
休水曜

海の幸のグルメを楽しむ

P.126 **沼津《ぬまづ》**

沼津港の水揚げ量は全国有数。新鮮な魚を味わえる。

海辺の自然が織り成す景観美

堂ヶ島《どうがしま》 P.110

リアス海岸や奇岩、夕陽スポットなどの景勝が見事。

美しい水辺の景色に癒される

P.120

三島《みしま》

富士山の雪解け水が街中に湧き出す、せせらぎの街。

海越しに望む富士山が美しい

土肥《とい》

P.116

世界一の大きさの花時計がある。富士見スポットも多い。

古き良き街並みに郷愁漂う

松崎《まつざき》

P.112

江戸末期から明治にかけての、風情あるなまこ壁の建築物が今も残る。

東海バス伊豆急下田駅前・松崎各案内所で購入できる「堂ヶ島・松崎・石廊崎2日券」は松崎エリアでも使用でき、観光にも便利。2日間有効、大人3400円。

西伊豆の自然の造形美に感動
堂ヶ島洞くつと美景スポットめぐり

複雑な海岸線と海に浮かぶ大小さまざまな島が、
風光明媚な景色を作り出す西伊豆海岸。
さらに雄大な富士山と真っ赤に燃える夕日が旅の一コマを飾ります。

1

2

3

4

5

6

7

1船で洞くつに入り天窓洞方面へ 2むきだしになった地層に注目 3海面から天窓洞を仰ぎ見る 4天窓洞を遊歩道から見下ろすこともできる 5船は島や岩の合間を縫って進む 6堂ヶ島の三四郎島付近では干潮の間だけ浜辺と島に道が現れるトンボロ現象が見られる(3〜9月) 7赤い海と岩のシルエットが美しい

奇岩と幻想的な海の色に見とれる

堂ヶ島洞くつめぐり

‖**西伊豆**‖どうがしまどうくつめぐり

複雑なリアス海岸線を遊覧船やクルーザーで探検。目の前に迫る岸壁、点在する島々など見どころが多い。クライマックスは、自然が生み出した海の洞くつに光が射しこむ神秘的な「天窓洞」。

遊覧船 ☎0558-52-0013 住西伊豆町仁科2060 時10:00〜16:00(季節により変動あり、HPを要確認) 休荒天時 ¥堂ヶ島洞くつめぐりコース(20分)1500円 Pあり 交バス停堂ヶ島からすぐ MAP付録⑦ C-5

神秘の現象・トンボロって？

県の天然記念物でもあるトンボロ現象は、潮位が100㎝以下になると見られます。干潮時間は西伊豆町のHPでチェックしましょう。

手前の奇岩との対比が印象的

浜辺から富士山を真正面に望む

雲見海岸 ‖松崎‖くもみかいがん

小さなビーチだが、晴れた日には駿河湾に浮かぶような富士山が見える風光明媚な景勝地。海水の透明度が高くダイビングスポットとしても知られる。すぐ近くに足湯がある。

景勝地 ☎0558-42-3964（松崎町企画観光課） 松崎町雲見 見学自由 Ⓟあり バス停雲見浜からすぐ MAP付録⑦ C-5

1

2

1 2.稲穂が色づく時期、水が張られた時期、それぞれに美しい

懐かしさがこみあげる日本の原風景

石部の棚田

‖松崎‖いしぶのたなだ

標高120～250mの範囲に約300枚の棚田が広がる伊豆地区最大規模のエリア。静岡県棚田等十選に選ばれている。棚田を見渡す展望台がおすすめ。遠方に富士山が見えることも。

棚田 ☎0558-42-3964（松崎町企画観光課） 松崎町石部 見学自由 Ⓟあり バス停石部温泉から徒歩40分 MAP付録⑦C-5

夕陽の町・西伊豆自慢の夕景はこちらです

刻々と変わる影絵のような風景

大田子海岸

‖西伊豆‖おおたごかいがん

西伊豆の中でも随一とされ、全国から多くの写真家が訪れるスポット。特徴的な形の岩や島が、赤く染まった海に浮かぶ。夕陽展望所があり、駐車場やトイレがあるので訪れやすい。

メガネッチョと呼ばれる奇岩はゴジラにも見える

景勝地 ☎0558-52-1268（西伊豆町観光協会） 西伊豆町田子1077 見学自由 Ⓟあり バス停大田子から徒歩5分 MAP付録⑦ C-4

打ち寄せる波ときらめく断崖

黄金崎 ‖西伊豆‖こがねざき

岩肌の安山岩が風化・変質し、夕陽が当たると黄金色に輝くように。燃えるような夕陽と大海原、荒々しい断崖の輝きが印象的。馬の頭に似た岩は「馬ロック」と呼ばれる。

時間とともに表情を変える海と岩肌

景勝地 ☎0558-52-1268（西伊豆町観光協会） 西伊豆町宇久須 見学自由 Ⓟあり バス停黄金崎クリスタルパークから徒歩15分 MAP付録⑦ C-4

断崖の湯船で沈む夕陽を眺める

沢田公園露天風呂

‖西伊豆‖さわだこうえんろてんぶろ

波が打ちつける岩場の上に建つ露天風呂。4～5人入れば満員という小ぢんまりとした湯船で熱めの湯。視線の先には海と水平線が広がり、太陽が沈んでいく様子を見られる。

熱めの湯で火照った体に潮風がここちよい

立ち寄り湯 ☎0558-52-2400 西伊豆町仁科沢2817-1 9:00～18:00（季節により変動あり） 休火曜（祝日の場合は変動、HPを確認） ¥600円 Ⓟあり バス停乗浜から徒歩5分 MAP付録⑦ C-5

西伊豆町の日の入り時刻は観光協会のHPでもチェックできます。

なまこ壁通りを歩く ノスタルジックな松崎さんぽ

三方を山に囲まれた小さな港町・松崎には
風情あるなまこ壁の建物が点在しています。
石畳の小路を通って情緒ある街歩きを楽しみましょう。

ぐるっと回って
150分

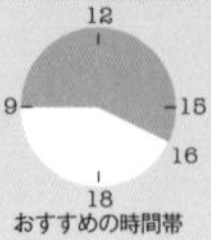

おすすめの時間帯

街の中央を流れる那賀川沿いになまこ壁の建物が点在しています。周囲は昔ながらの民家や畑が多く、案内板は少ないので注意して。橋や建物の昔懐かしい風情を感じながらのんびり散策しましょう。

1松崎らしいなまこ壁通り。記念写真はここで 2地元常連客に親しまれる喫茶&ギャラリー 丸平でひと休み 3ときわ大橋から見る時計塔。文字盤に13時の表示が 4長八の代表作「雲龍」。立つ位置で龍の表情が変わる

こ・と・り・っ・ぷ・ら・ん

1 **伊豆の長八美術館からスタート**
長八美術館バス停からすぐ。なまこ壁の外観に白いドームのある建物

2 **浄感寺内長八記念館**
徒歩約3分で浄感寺へ。長八の代表作といわれる「雲龍」が

3 **伊豆文邸**
すぐそばの伊豆文邸。屋根付の足湯は無料。ここでちょっとひと休み

4 **なまこ壁通り**
伊豆文邸を出て右に。歴史ある建築群の残る石畳の通りが右手に現れる

5 **明治商家 中瀬邸**
那賀川を越えて中瀬邸へ。近くには欄干の装飾が美しいときわ大橋が

6 **喫茶&ギャラリー 丸平でゴール**
松崎港前のカフェでひと息。ギャラリーでは絵画や手作り品の展示も

伊豆の長八美術館 いずのちょうはちびじゅつかん

左官の名工伊豆の長八の漆喰こて絵を展示する美術館。「富嶽」「春暁の図」など代表作品を鑑賞できる。

美術館 ☎0558-42-2540 松崎町松崎23 9:00～17:00 休無休 ¥500円 Pあり バス停長八美術館からすぐ MAP113

浄感寺内長八記念館 じょうかんじないちょうはちきねんかん

入江長八の菩提寺の本堂が記念館に。静岡県指定有形文化財の「雲龍」などを見ることができる。

寺院 ☎0558-42-0481 松崎町松崎234-1 10:00～15:00 休水曜、不定休 ¥500円 Pあり バス停長八美術館からすぐ MAP113

伊豆文邸 いずぶんてい

1910(明治43)年に建てられた、なまこ壁造りの元呉服問屋。座敷や土間などが当時の面影を伝えている。

歴史建築 ☎0558-42-3964(松崎町企画観光課) 松崎町松崎250-1 9:00～16:00 休不定休 ¥無料 Pあり バス停長八美術館からすぐ MAP113

なまこ壁って何？

壁に瓦をはり、継ぎ目にかまぼこ形に漆喰を盛った壁。防火防湿性に優れるため、火災などに備えて広まったそう。よく観察してみて。

こんな名物あります

川のりコロッケ
1個 200円
松崎特産の川のりをたっぷり使ったコロッケ。口いっぱいに香りが広がる

アサイミート

精肉店 ☎0558-42-0298 松崎町松崎451-1 9:00～17:30（揚げ物は9:30～14:00、15:00～17:30）休 火・水曜 P あり バス停松崎から徒歩6分 MAP 113

桜フリアン
1個 220円
アーモンド風味の生地で、松崎名物の桜葉と餡を包み込んだ焼き菓子

御菓子処 甘泉堂

おかしどころかんせんどう

和菓子 ☎0558-42-0076 松崎町松崎293-1 10:00～19:00 休 火曜 P あり バス停松崎から徒歩15分 MAP 113

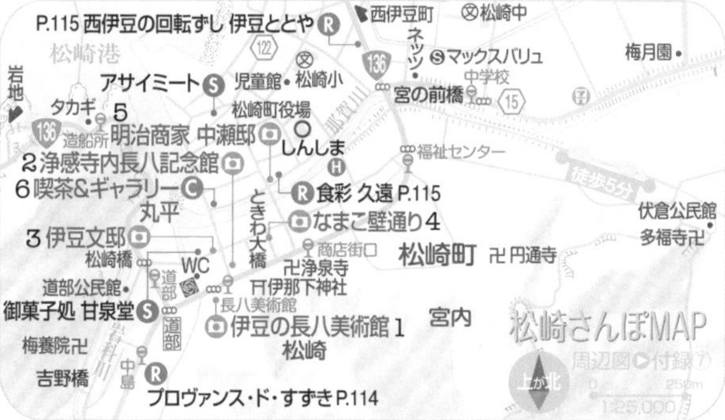

ドラマのロケ地で有名になった松崎

ドラマ『世界の中心で、愛をさけぶ』であじさいの丘として登場した「牛原山町民の森」。松崎の街並みや駿河湾が一望でき、天気のいい日は富士山も望めます。

公園 ☎0558-42-3964（松崎町企画観光課）松崎町牛原山 P あり バス停松崎ターミナルから車で10分 MAP 付録⑦ C-5

芝生公園や野鳥の森があり、町民のいこいの場になっている

明治商家 中瀬邸

めいじしょうかなかぜてい

明治期の呉服問屋の豪商として栄えた中瀬邸。本瓦葺きの屋根となまこ壁が美しい母屋は、今は町営の資料館として公開されている。

歴史建築 ☎0558-42-3964（松崎町企画観光課）松崎町松崎315-1 9:00～17:00 休 無休 ¥ 無料 P あり バス停松崎ターミナルから徒歩10分 MAP 113

土蔵の扉には見事な漆喰鏝《こて》絵《え》が。コテで盛り上げられた虎の姿は迫力に満ちている

喫茶&ギャラリー 丸平

きっさアンドギャラリーまるへい

伊豆石を使った貯氷蔵をリノベーションしたお店。コーヒーのほか、ピザやうどんなどの食事メニューも。

カフェ ☎0558-42-0021 松崎町松崎475-1 11:00～16:00 休 火～木曜、不定休あり P あり バス停松崎ターミナルから徒歩9分 MAP 113

幕末～明治期に活躍した松崎出身の左官職人、入江長八。高度な技術が必要な漆喰鏝絵《こてえ》の素晴らしさで今なお名工と讃えられています。

歴史ある素朴な港町
松崎港周辺で地魚ランチ

古くから西伊豆の海の玄関口として栄える松崎港。周辺には新鮮な魚介を味わえるお店がたくさん。地元の人々にも人気の高い実力店を紹介します。

1プチコースの料理は魚料理やピッツァから選べる。魚料理は1400円～ 22～3種類の地魚を使うカルパッチョ1400円 3優雅さが漂う店内

MENU

プチコース
(お好みの料理+800円)
前菜、お好みの料理1品、デザート盛り合わせ、ドリンク

パスタが選べるステーキセット3300円
前菜とスープの盛り合わせ、パスタ、牛ステーキ、パン、デザート、ドリンク

メニューは昼夜共通、手打ちパスタが美味

サルーテ

‖松崎‖

桜並木が美しい那賀川沿いに建つ一軒家のイタリアンレストラン。おいしくて安全な料理作りを心がけ、松崎港で揚がった地魚や地元で収穫された野菜を使う。玄米と黒米のリゾットもおすすめ。

イタリアン ☎0558-43-0885 松崎町那賀170-9 11:30～14:00、17:30～20:00 休水・木曜 Pあり バス停伏倉橋から徒歩5分 MAP付録⑦ C-5

1Cランチ2860円から本日の魚料理、平スズキのポワレ。平スズキは春冬が旬 2鴨や鹿、ポークなど（日により異なる）を使ったテリーヌのオードブル 3ピンクのクロスがやさしげ

MENU

Aランチ 1650円
メイン料理、パン

Bランチ 2420円
スープ、メイン料理(魚または肉)、デザート、パン、飲み物

ディナー
Aコース 3190円～
オードブル、スープ、メイン料理(魚または肉)、デザート、パン、飲み物

ポピュラーな旬の食材を繊細に仕上げる

プロヴァンス・ド・すずき

‖松崎‖

松崎出身のオーナーシェフが作るのは、体にやさしいフレンチ。コースはプリフィクススタイルで、好きな料理を気ままにいただける。南伊豆の魚介や地場野菜はもちろん、鴨や鹿など季節限定のジビエにも出会える。

フレンチ ☎0558-42-3701 松崎町道部103-3 11:30～14:00、17:30～20:00 休火曜、ほか不定休あり Pあり バス停長八美術館から徒歩6分 MAP113

松崎港で揚がる魚は？

松崎港では、アジ、スズキ、イカ、サバ、金目鯛などが揚がります。風味豊かな岩のりも採れ、町の名産となっています。

1 久遠旬彩鮨2750円。お鮨はもちろん、職人の技と素材のよさが光る厚焼き玉子も美味 2 松崎の町並みに溶け込む、蔵のような造り 3 カウンター席、テーブル席、座敷席がある。クレジットカードは夜のみ使用可

MENU

上鮨　2750円
鮨8貫、巻物1本、玉子焼き、小鉢、サラダ、汁物、漬物付

鮪の漬けと旬魚の海鮮ちらし　1650円
酢飯か白米を選択

桜葉薫る旬魚と海老といろいろ野菜の変わり天丼　1320円
※すべてランチメニュー

江戸前鮨から佳肴、お手頃なランチまで

食彩 久遠

‖松崎‖しょくさいくおん

東京の鮨店などで修業を積んだ若き主人は松崎町出身。釣り好きで釣果がネタになることも。松崎産の米、天城深層水など地元食材を大切にしながら、よい品を全国各地から仕入れる。職人技に感激する味。

寿司 ☎0558-42-1597 ⌂松崎町松崎316-8 🕒11:30～13:30、17:30～21:30（土・日曜、祝日は夜のみ営業）休 月曜、土・日曜・祝日の昼、ほか不定休 P あり バス停松崎から徒歩20分 MAP 113

MENU

黒ムツ396円(赤皿)
トビウオ198円(黒皿)
太刀魚308円(緑皿)
日替わり地魚のにぎり　1皿143円～
日替わり味噌汁　198円～
※寿しは1カンの値段。時期により変動あり

1 黒ムツ、トビウオ、太刀魚など大きなネタがのる 2 実は普段はレーンが回転しないが、お客さんが多いと回すときもあるとか 3 刺盛1760円～。しわめと呼ばれる海藻などもあり、地元の素材を楽しめる

魚屋ならではの鮮度と価格で寿しを気軽に

西伊豆の回転ずし 伊豆ととや

‖松崎‖にしいずのかいてんずしいずととや

地元の魚屋直営の回転寿司店。駿河湾などで獲れた地魚など豊富な種類の新鮮魚介を、リーズナブル、かつ握りたてで提供してくれる。「その日のおすすめネタ」はホワイトボードに書き出してあるので、まずチェックして。

寿司 ☎0558-42-0000 ⌂松崎町江奈270-1 🕒11:00～14:30、17:00～19:30（土・日曜、祝日は～20:00）休 不定休 P あり バス停松崎小学校下車すぐ MAP 113

料理に使われる魚介は季節や天候、漁などによって変わります。お目当ての魚がある場合は事前に問い合わせましょう。

高足ガニにキビナゴ……
海の西伊豆名物をいただきます

**西伊豆に面した駿河湾は世界有数の水深をもつ絶好の漁場。
戸田名物の高足ガニを筆頭に、キビナゴや深海魚まで
西伊豆ならではの鮮度のいい海の恵みを味わって。**

高足ガニ

1エビや魚のフライも付く、高足ガニのコース料理5170円 2店中央の生けすは高足ガニ専用 3週末は混雑するので予約がベター

高足ガニを足1本から気軽に味わう

さかなや 魚清 ‖戸田‖さかなやうおせい

戸田漁協そばにある地魚料理の店。名物は鮮度のいい高足ガニ料理。各種コースもおすすめだが、カニ味噌甲羅付で足1本（1650円）からでもオーダーできる。入荷状況によっては予約を受けない場合も。

☎0558-94-2114 ⌂沼津市戸田580 ⏱9:00～17:00（土・日曜、祝日は～20:00）休不定休 Pあり バス停戸田から徒歩10分 MAP付録⑦ C-3

駿河湾ならではの小さな宝石を

松の家 ‖土肥‖まつのや

店主がほぼ毎朝海に出て、その日の釣果がメニューになるため鮮度は申し分なし。5～10月が旬のキビナゴは鮨に加えて刺身540円や唐揚げ648円でいただける。他の地魚メニューもとれたてが豊富にそろう。

☎0558-98-0174 ⌂伊豆市土肥412-6 ⏱11:00～15:00、17:00～21:00 休火曜 Pあり バス停土肥からすぐ MAP付録⑦ A-5

キビナゴ鮨

1鮨のカウンター席もある店内
2松原公園から歩いて5分
3小ぶりのキビナゴ寿司972円。入荷した時のみ提供

高足ガニってどんなカニ？

水深200〜500mに生息する高足ガニ。甲羅が大人の手のひらくらいの大きさが最もおいしく、1杯を3人前後で食べるとちょうどよさそう。

深海魚料理

深海魚の美味しさを存分に味わえる

魚重食堂 ‖戸田‖ うおしげしょくどう

沼津港で修業を積んだ若き店主が、地元・戸田で営む店。深海魚を中心に新鮮な食材にこだわって、そのときにしか味わえない旬の美味しさを提供する。漁師から直接仕入れた貴重な魚を食べられることも。

0558-94-2381 沼津市戸田303-5
11:00〜14:00 休水・木曜
バス停戸田からすぐ MAP付録⑦ C-3

12地元の人にも愛される居心地の良さ　3深海海老や深海魚など日替わりの天ぷらがのった深海天丼1700円。小鉢やデザートなども付く

地魚料理

生と漬けの2種類のイカが楽しめるイカ様丼1000円。卵黄をからめながら味わって

こだわりのイカが味わえる漁協直営店

沖あがり食堂 ‖仁科‖ おきあがりしょくどう

全国的にも珍しい、夜明けから昼にかけての「昼イカ漁」を行う仁科漁港。旨みのあるイカが味わえる。干物や海藻類、貝類、加工品なども販売。

0558-52-0018 西伊豆町仁科980-6 11:00〜15:00 休火曜
Pあり バス停沢田からすぐ MAP付録⑦ C-5

トコブシの刺身定食は2484円〜。料理の価格は時期によって変動あり

漁師から直接仕入れる鮮度自慢の地魚

さくら ‖土肥‖

活きのいい地の魚介が味わえる国道136号沿いの店。伊豆半島近海の地魚や、ミルクガニ、駿河湾タラバガニなど駿河湾の旬の味をその時々に応じて楽しめる。

0558-98-0813 伊豆市土肥690-8 11:30〜14:30、17:30〜20:00
休不定休 Pあり バス停土肥から徒歩9分 MAP付録⑦ A-5

ニシンの仲間のキビナゴは美しい銀色に青の帯模様の小魚。とてもデリケートで、きれいな海水でしか生きられないそうです。

のんびりくつろげる西伊豆の宿が待っています

**山里と漁港のひなびた風情を残す西伊豆には
アットホームな雰囲気のくつろぎの宿がたくさんあります。
スローに流れる時間と空気に心癒されます。**

1新鮮なアワビは歯ごたえシャッキリで甘い　2宿名物の「伊勢エビのアメリケーヌソース」　3塩加減、焼き加減がちょうどいい鯛の塩焼き　4シンプルな客室は12畳。1日2組限定

高級料亭の味わいを民宿の気軽さで

民宿かいとく丸 ‖松崎‖みんしゅくかいとくまる

もとは一本釣り漁の網元だった古民家の民宿。和の基本に忠実ながら自在にアレンジした女将の料理が評判。気どらず高級食材がいただけるのは、この民宿ならでは。センスよくまとまった館内も快適。

☎0558-45-0365 ⌂松崎町岩地363-3 ⏲IN15:00 OUT10:00
休火～木曜 室和3 Ⓟあり 👣バス停岩地温泉から徒歩5分
MAP付録⑦ C-5

宿泊プラン

1泊2食付プラン
1泊2食付（2名1室/1名分）
16630円～

Stay Plan

岩地海岸に建つ民宿。構えはいたって普通の民家のよう

塩化物泉の湯船が2つ。どちらも貸し切りで利用できる

いよいよお待ちかねの夕食。電灯が灯る母屋の食事処で

女将が腕を振るう伊勢エビやサザエなどの料理がずらり

食後はモダンな読書室へ。旅先だと読書にも集中できる

湯上がり処でのおもてなし

海辺の隠れ湯 清流の大浴場露天風呂の湯上がり処では、無料の一口ビールが楽しめます。西伊豆自慢の夕陽を眺めながら一服しましょう。

1旬の海の幸や山の幸を、料理人の熟練の技で彩り豊かに仕上げる磯会席料理　2隅々まで和の意匠が施された客室　3貸切露天風呂は45分間無料、到着時要予約

波音を聞きながら和の安らぎを感じて

海辺のかくれ湯 清流 ‖堂ヶ島‖うみべのかくれゆせいりゅう

堂ヶ島温泉入り江の断崖にある温泉宿。露天風呂や部屋から、美しい海と沖に浮かぶ島々を眺められる。波音を耳に、表情豊かな海景色を楽しんで。趣向を凝らした心づくしの料理も魅力。

宿泊プラン

露天風呂付準特別室
1泊2食付（2名1室/1名分）
30800円〜
標準和室
1泊2食付（2名1室/1名分）
20900円〜

☎0558-52-1118 住西伊豆町仁科2941 時IN15.00 OUT10.00
室和40、和洋5 Pあり 交バス停堂ヶ島から徒歩5分（バス停から送迎あり、要連絡） MAP付録⑦ C-5

1目の前に駿河湾と富士山を望む貸切展望露天風呂　2露天風呂から眺める夕陽は絶景　3旬の新鮮な魚介を味わえる

駿河湾と富士山が眼前に広がる

海のほてるいさば ‖戸田‖うみのほてるいさば

御浜岬近くの高台にある眺望自慢の宿。全客室から駿河湾を望むことができるので、夕暮れ時には海に沈んでいく黄金の夕陽を見ることができる。貸切露天風呂からの眺めも圧巻。

宿泊プラン

露天風呂付客室プラン
1泊2食付（2名1室/1名分）
26400円〜
一般客室(オーシャンビュー)
1泊2食付（2名1室/1名分）
22000円〜

☎0550-94-3048 住沼津市戸田3878-20 時IN16:00 OUT10:00
室和11、和ベッド8、和洋8 Pあり 交バス停戸田から送迎バスで3分（要連絡） MAP付録⑦ C-3

御浜海水浴場まで徒歩で6分の「海のほてるいさば」。夏の海水浴シーズンの宿泊にぴったりです。

せせらぎに耳をすませて…
三島のんびりさんぽ

**富士山の恩恵を受けたせせらぎが街の中をいく筋も流れ、
水と緑が安らぎを感じさせてくれます。
冷たい水にそっと手を浸し、深呼吸してみましょう。**

ぐるっと回って
3時間

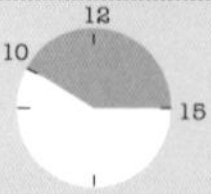

おすすめの時間帯

JR三島駅南口から湧水のせせらぎ沿いに遊歩道が整備されています。駅からほど近いところに大きな木々の緑あふれる公園や神社があり、市街地ながら心地よくくつろげます。

14せせらぎの中を歩ける「源兵衛川 水辺の道」。途中には昔懐かしい揚水ポンプも 2駅前には湧水をイメージした水の仕掛けが点在 3源兵衛川と平行して流れる「宮さんの川」こと蓮沼川。市民が手作りした水車がある 56プチ贅沢を味わえる「#dilettante cafe」。ランチコースの写真はイメージ 78「三嶋大社」は春は桜の名所。奈良・春日大社から譲り受けた神鹿にも会える

源兵衛川 水辺の道

げんべえがわみずべのみち

全長1.5kmのせせらぎ沿いの遊歩道。川の中を歩ける飛び石もあり、澄んだ水を身近に楽しめる。夏には子どもが遊ぶ姿やホタルも見られる。

遊歩道

☎055-946-6900(三島観光案内所) 三島市芝本町ほか 散策自由 P なし JR三島駅から徒歩7分 MAP 121

#dilettante cafe

ディレッタントカフェ

源兵衛川のほとりに佇むイタリアン。沼津港直送の魚や三島の地元野菜を生かした料理が美味。ランチコース2750円～。

イタリアン

☎055-972-3572 三島市緑町1-1 11:30～15:00、金・土・日曜は18:00～21:00も営業 休 月・火曜、水・木曜・祝日の夜 P あり 伊豆箱根鉄道駿豆線三島広小路駅から徒歩3分 MAP 121

三嶋大社

みしまたいしゃ

伊豆国の一宮で、源頼朝が旗挙げに際し、源氏再興を祈願した神社としても有名。重要文化財の御殿、伝来の宝物を公開する宝物館も見学したい。

寺社

☎055-975-0172 三島市大宮町2-1-5 8:30～16:30 休 無休 ¥ 参拝無料、宝物館500円 P あり JR三島駅から徒歩15分 MAP 121

名物うなぎのおいしさの秘密は？

三島の名物グルメといえば、うなぎ。湧水に2～3日打たせることで、特有の臭みや余分な脂が落ちて上品な味わいになります。

散歩のおともにみしまコロッケを♪

こんなグルメも

1野菜たっぷりのワンプレートごはんランチ1200円 2ソファ席とカウンター席、個室、キッズルームもある

Cafe&Bar Ocean

カフェアンドバーオーシャン

箱根西麓三島野菜を使ったプレートランチやサンドイッチが人気。農家直送の新鮮野菜の販売180円～もしている。

カフェ ☎080-2657-5677 住三島市南本町20-32 ⏰10:30～15:00 休月曜、土・日曜不定休 Pなし 交伊豆箱根鉄道駿豆線三島広小路駅から徒歩6分 MAP121

9 10 11 14「白滝公園」は水の都・三島を代表する公園のひとつ。富士山の雪解け水を「めぐみの子」が汲んでくれる 12「楽寿園」の小浜池では季節ごとに咲く花が水辺を彩る 13白滝公園から続く「桜川」ではカモに出会える

楽寿園

らくじゅえん

溶岩の地に生える木々や小浜池の景観が美しい市立公園。レトロでかわいいメリーゴーランドや、アルパカがいる動物広場もある。

公園

☎055-975-2570
住三島市一番町19-3 ⏰9:00～16:30（11～3月は～16:00） 休月曜（祝日の場合は翌日休） Pあり 交JR三島駅からすぐ MAP121

大村精肉店

おおむらせいにくてん

名物「みしまコロッケ」を扱うお肉屋さん。ジャガイモ（メークイン）の甘みと和牛のコクが美味。かわいいハート形のみしまコロッケ140円。

惣菜

☎055-972-2981
住三島市大社町2-27 ⏰9:00～17:00 休日曜、祝日 Pあり 交伊豆箱根鉄道駿豆線三島田町駅から徒歩7分 MAP121

白滝公園

しらたきこうえん

富士山噴火の際に流れてきた溶岩と、ケヤキの木々、湧水が美しい風景を織り成す憩いの場。名の由来は水が滝のように湧き出ていたことから。

公園

☎055-946-6900（三島観光案内所）
住三島市一番町1-1 ⏰散策自由 Pなし 交JR三島駅から徒歩5分 MAP121

水かさが増す夏のせせらぎは特に見事。川に入ることもできるのでタオル持参で訪れるのがおすすめです。

三島からちょっとおでかけ 心奪われる美景スポット

三島の街中から少し離れたエリアには富士山の絶景や、
澄みきった湧水が神秘的なスポットがあります。
少し足を延ばして訪れてみましょう。

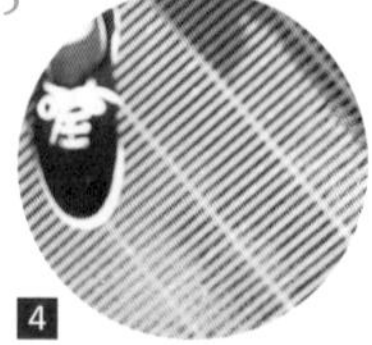

1全長400m、一番高い個所は地上70mにもなる 2吊橋の復路、進行方向の視界に広がる駿河湾の絶景 3ケーブルを支える主塔はまるで富士山のよう 4風の抵抗を受けにくいよう足元は下が見える構造

北エリアにある「ピクニックカフェ」で人気の「バスケットセット」1400円～

愛らしいキャラクターがお出迎えする「Kicoroの森」でおさんぽ

「ふろっく-福時計-」ではフクロウやハリネズミなどと触れあえる

日本一の吊橋から望む日本一の富士山

三島スカイウォーク ‖三島‖みしまスカイウォーク

日本一の長さを誇る歩行者専用吊橋。北側には雄大な富士山を、南側には町並みと駿河湾を望む大パノラマが広がる。森の中で楽しむアスレチックやカフェ、レストラン、ショップなど施設も充実している。

吊橋 ♪055-972-0084 三島市笹原新田313 9:00～17:00
休無休 ¥1100円 Pあり JR三島駅から車で20分 MAP付録⑦ E-1

アクティビティにチャレンジ！

大自然の中で ロングジップスライド

吊橋の横に整備されたロングジップスライドは往復560m。絶景と一体化しながらの滑走は爽快そのもの。

しっかりレクチャーしてくれるので初心者でも安心

アクティビティ ♪055-972-0053 9:00～17:00 ¥ロングジップスライド2000円～、レンタルウェア500円、レンタルシューズ500円

吊橋の後は食事と買い物も

三島スカイウォークには伊豆や箱根の特産品を販売するギフトショップや、地元素材を使ったメニューが人気の店もそろっています。

神秘的なブルーと豊かな緑

柿田川公園

‖清水町‖かきたがわこうえん

環境省の「名水百選」にも選出される柿田川は、1日約110tもの富士山の伏流水が湧き出ており、その透明度に魅了される。公園内にはひと休みできるベンチや遊歩道も整備され、ゆったりと散策できる。

公園 ☎055-981-8239（清水町産業観光課）住清水町伏見71-7 時散策自由 Pあり 交バス停柿田川湧水公園前からすぐ MAP付録⑦ D-1

1国指定天然記念物でもある柿田川 2湧水の道にある店では「豆腐アイス」350円が人気 3エメラルドブルーに輝く井戸に見入ってしまう

1周囲の自然に溶け込む癒しの空間 2彩り鮮やかな地元の旬の食材。ミネラルたっぷりの水にもこだわっている

富士山を望む自然派カフェ

Vivra Vivre

‖函南町‖ヴィブラヴィブレ

自然農法で育てた野菜をたっぷり使った料理が評判。大きな窓からはもちろん、6000坪のガーデンからは四季折々の風景が望める。

カフェ ☎055-979-5050 住函南町平井12-1 時11:00～14:30 休月・火曜（祝日の場合は翌日休）Pあり 交JR函南駅から車で7分 MAP付録⑦ E-1

ちょっと寄り道

のどかな農園でふれあい体験

酪農王国オラッチェ

‖函南町‖らくのうおうこくオラッチェ

田畑に囲まれた敷地内で動物と触れ合ったり、農や食につながるさまざまな体験ができる。丹那牛乳を使用した商品も多彩。

体験農園 ☎055-974-4192 住函南町丹那349-1 時10:00～16:00（土・日曜、祝日は9:00～17:00）休水曜（レストランは土・日曜、祝日のみ営業）¥入場無料 Pあり 交JR函南駅から車で20分 MAP付録⑦ E-1

ソフトクリーム 450円

大自然の中で野菜の収穫体験（800円）ができる

気軽に寄れて心満たされる
三島・沼津の癒されカフェはこちら

**カフェに求めるのは、店内に漂う心地よい空気。
ここを訪ねるならばぜひ味わってほしい、
おすすめメニューもご案内します。**

きちんとランチもコーヒー 1杯だけでも

バターチキンプレート1400円／スパイスがほどよく効いたバターチキンカレーとターメリックライスの組み合わせ。彩りがきれいでボリュームもあり。ランチではサラダとドリンクも付く

10-1 Kettle

‖三島‖ジュウノイチケトル

三島駅南口から徒歩3分の場所にある小さなカフェ。一人でも入りやすいシックな内装、道具好きの店主が集めた器が並ぶ空間でひと息つける。コーヒー豆は神奈川県茅ヶ崎の「Cruise Town」のもの。

(上)こだわりの道具にも注目。スコーンはテイクアウトＯＫ (下)モーニングやスイーツもあり、シーンに合わせて立ち寄りやすい

☎055-919-4972 ⌂三島市一番町10-1 ⏰9:00～18:00 休 月・火曜 P あり 🚶JR三島駅から徒歩3分 MAP 121

自然とアートに囲まれた爽快な海カフェ

チョコレートケーキ500円／ビターチョコのハンドメイドケーキ。ドリンクセットは850円。自家製のハーブをブレンドしたフレッシュハーブティ 700円はリラックスできるナチュラルな味

TAM-TAM GALLERY&CAFE

‖沼津‖タムタムギャラリーアンドカフェ

立体アーティスト田村映二氏の作品を展示する、土・日曜限定のギャラリー＆カフェ。海絶景とメルヘンなアート作品を眺めながら、手作りスイーツとドリンクで日常をはなれたひと時が過ごせる。

(上)駿河湾を一望するデッキ。天気がいい日は富士山も顔をのぞかせる (下)店内外には田村氏のカラフルな作品を展示

☎055-933-2030 ⌂沼津市獅子浜22-28 ⏰12:00～18:00 休 月～金曜、祝日 P あり 🚶バス停静浦地区センターから徒歩3分 MAP 付録⑦ D-2

こだわりのコーヒー豆

TAM-TAM GALLERY&CAFEで展示されている田村氏のカラフルな3Dアートやグラフィックアートは、原画やグッズの販売もしています。

果実の味と香りを閉じ込めた、贅沢なティータイム

フルーツティー（2名分）1700円／イチゴ、クランベリー、ブルーベリーなど8種類のフレッシュフルーツを使用。ポットに踊るフルーツの華やかさ、味や香りの贅沢さは特別

カフェブラン

‖沼津‖

ブナやケヤキに囲まれた一軒家のカフェ。名優・三國連太郎が通った店でもある。落ち着いた店内で、ハンドドリップで淹れたコーヒーとともに、手作りの焼き菓子を楽しんで。三國ブレンドも人気。

（上）かぼちゃのタルトと三國ブレンド　（下）窓から見える清々しい緑に癒される

☎055-952-5781 ⌂沼津市下河原町3-8-4 ⏰11:00～19:30（日曜は～18:00）休 第2・4金曜 P あり 🚶バス停第二小学校入口から徒歩3分 MAP 付録⑤ B-2

アートな空間でいただく、ふわふわシフォンケーキ

日替わりシフォンケーキ 330円／ふわふわ、もちもちのシフォンケーキ。時期によっては期間限定の味も登場。甘さひかえめのホイップクリームを添えて、作家の手による器で提供してくれる

カフェ&ギャラリー 珈舎

‖沼津‖カフェアンドギャラリーかしゃ

沼津御用邸記念公園のすぐそば、黒い板張りの壁がモダンなカフェ。店内にはギャラリースペースがあり、作家ものの器や絵画を見ることができる。奥に細くのびる造りは隠れ家のようで、落ち着いて過ごせる。

（上）雑貨のセレクトや配置にセンスを感じる　（下）店は国道から少し入った場所にある。看板を見落とさないよう注意して

☎055-933-2171 ⌂沼津市下香貫島郷2590-6 ⏰9:00～19:00 休 火・水曜（祝日の場合は翌日休）P あり 🚶バス停御用邸前から徒歩3分 MAP 付録⑦ D-2

ランチやケーキには、提供数や時間に条件を設けている店もあります。確実に食べたい場合は、出かける前に確認を。

多彩な鮮魚料理は沼津の魚市場食堂街へ

**全国有数の水揚げ量を誇る沼津港の食堂街には
30軒以上の鮨や魚料理店が並びます。
自分の好みの店を見つけて、鮮度抜群のネタを味わいましょう。**

1

主役級のネタがそろう
贅沢海鮮丼

海鮮丼 上2800円 沼津産の魚はもとより、全国から沼津港に集まる魚介の中でも最高級の天然漁にこだわって厳選。「上」は10種類前後の魚がのる豪華な盛り付け

2

ボリュームたっぷりの
自家製干物定食

真アジ干物定食800円 干物は創業100年を超える老舗ならではの味わいで、干物の魅力を再発見できる。ご飯はお替り無料なので、食べ応えも十分

3

老舗定食屋自慢の
新鮮ネタがたっぷり

にし与丼2500円 白飯の上には、丼からこぼれ落ちそうなほどたっぷりと盛られた新鮮魚介類が11種。一切れの厚みがあるので食べ応えも文句なし。味噌汁、小鉢付

1

海鮮丼 いりいち

かいせんどんいりいち

仲買人自ら営む海鮮丼専門店。魚本来の味と旨みを最大限に引き出した極上の味わいを丼ひとつで楽しめる。

☎055-951-5515 ⌂沼津市千本港町122-10 ⏲11:00頃～15:00 休月・火曜 Pなし MAP付録⑤ B-2

2

港食堂

みなとしょくどう

干物製造会社の直営店。メニューの多彩さに加え、干物の定食を800円で提供するサービス精神がうれしい。

☎055-962-2800 ⌂沼津市千本港町128-1 ⏲11:00～14:30（物販は9:00～17:00） 休第2・4火曜（祝日の場合営業） Pあり MAP付録⑤ B-2

3

にし与

にしよ

魚市場から直接仕入れる鮮魚は、刺身はもちろん、焼物や揚物、煮物、干物などの定食でもいただける。

☎055-951-6041 ⌂沼津市千本港町109 ダイノブセンター立体駐車場1F ⏲6:00～15:00（土曜は10:00～） 休木曜 Pあり MAP付録⑤ B-2

多くの飲食店や干物店が軒を連ねる港周辺

市場のせりを見学できます

沼津港にある、沼津魚市場「INO（イーノ）」MAP付録⑤ B-2は、市場のせりの様子が眺められる見学通路や、富士山を望む展望デッキを備えています。

4

ヅケになった刺身を残さずお茶漬けで

鯛のゴマ醤油どん1850円 ゴマ醤油に漬け込んだタイの刺身をのせたオリジナル丼。半分食べたところでネギなどの薬味を加えて湯を注ぎ、刺身が半生になったら残りの半分をいただいて

5

伊豆の海の幸を鮨で楽しむ

伊豆2200円 おすすめのネタをそろえた地魚の握り。お吸い物も付く。そのほかアジのたたき丼990円やびっくり丼1380円などの丼ものに加え、生シラスや桜エビなどの単品料理も豊富

4

駿河の味 どんむす

するがのあじどんむす

沼津魚市場のせり権を持つ仲買人直営店。海鮮丼や沼津ブランド認定のアジフライがリーズナブルに楽しめる。

☎055-962-5111 沼津市千本港町115-4 みなと旬彩街 ⏰11:00〜15:00（土・日曜、祝日は〜17:00）休木曜 Pあり MAP付録⑤ B-2

5

漁師寿し 武田丸 本店

りょうしずしたけだまるほんてん

魚を知り尽くした漁師のオーナーが腕を振るう。地アジや深海魚など新鮮な素材が味わえる。

☎055-952-3311 沼津市千本港町115-4 ⏰10:30〜16:00（土・日曜、祝日は〜18:00）休無休 Pあり MAP付録⑤ B-2

沼津は深海魚も有名です

沼津港深海水族館 シーラカンス・ミュージアム

ぬまづこうしんかいすいぞくかんシーラカンスミュージアム

日本一深い駿河湾や世界中の珍しい深海生物を常時100種以上展示。世界でもここだけの冷凍シーラカンスも常設展示。

☎055-954-0606 沼津市千本港町83 ⏰10:00〜18:00 休無休 ¥1800円 Pあり MAP付録⑤ B-2

駿河湾の水深300mを再現した大水槽

A 「深海もなかソフト（深海ブラック）」700円。パンケーキなどもある

B 「深海プリン」430円。ブルーのジュレはラムネ味

A 深海もなか&深海パンケーキ しーらかんすcafe 沼津みなと新鮮館店

しんかいもなかアンドしんかいパンケーキしーらかんすカフェぬまづみなとしんせんかんてん

☎055-963-1515 沼津市千本港町128-1 ⏰11:00〜16:00（土・日曜、祝日は〜17:00）休火曜 Pあり MAP付録⑤ B-2

B 沼津深海プリン工房

ぬまづしんかいプリンこうぼう

☎055-962-0010 沼津市千本港町97 ⏰10:00〜17:30 休無休 Pなし MAP付録⑤ B-2

魚河岸食堂街へはJR沼津駅から伊豆箱根バスで10分、バス停沼津港下車、徒歩3分。活気あふれる市場の雰囲気が楽しめます。

伊豆までのアクセスは新幹線か特急「踊り子」が便利です

伊豆半島は観光スポットが多彩なので、時間や予算のほか、どこを回るかによっても便利なアクセス手段が変わってきます。プランに合わせてしっかり検討しましょう。

各地から伊豆へ まずは熱海・三島へ

伊東・伊豆高原、東伊豆・下田方面へは熱海駅が、修善寺、西伊豆方面へは三島駅がそれぞれ玄関口となります。東京から熱海・三島へは、新幹線「こだま」か特急「踊り子」を、名古屋・大阪からは「こだま」を利用します。「ひかり」は熱海駅に1日3本、三島駅に1日6本停車します。

伊豆高原へ

どこから	なにで？	ルート	所要時間	ねだん
東京から		**東京駅**→JR東海道新幹線こだま・ひかり→**熱海駅**→JR伊東線普通（伊豆急行直通）→**伊豆高原駅**	1時間40分〜2時間10分	5280円
		東京駅→特急踊り子※注→**伊豆高原駅**	2時間10分	5170円
名古屋から		**名古屋駅**→JR東海道新幹線こだま・ひかり→**熱海駅**→JR伊東線普通（伊豆急行直通）→**伊豆高原駅**	2時間35分〜3時間30分	9450円

下田へ

どこから	なにで？	ルート	所要時間	ねだん
東京から		**東京駅**→JR東海道新幹線こだま・ひかり→**熱海駅**→JR伊東線普通（伊豆急行直通）→**伊豆急下田駅**	2時間20〜55分	6290円
		東京駅→特急踊り子※注→**伊豆急下田駅**	2時間40〜55分	6180円
名古屋から		**名古屋駅**→JR東海道新幹線こだま・ひかり→**熱海駅**→JR伊東線普通（伊豆急行直通）→**伊豆急下田駅**	3時間35分〜4時間15分	10460円

修善寺へ

どこから	なにで？	ルート	所要時間	ねだん
東京から		**東京駅**→JR東海道新幹線こだま・ひかり→**三島駅**→伊豆箱根鉄道駿豆線→**修善寺駅**	1時間30〜55分	5150円
		東京駅→特急踊り子(1日2〜3本)→**修善寺駅**	2時間10分	4640円
名古屋から		**名古屋駅**→JR東海道新幹線こだま・ひかり→**三島駅**→伊豆箱根鉄道駿豆線→**修善寺駅**	1時間55分〜2時間40分	8990円

西伊豆へ

どこから	なにで？	ルート	所要時間	ねだん
東京から		**東京駅**→JR東海道新幹線こだま・ひかり→**三島駅**→伊豆箱根鉄道駿豆線→**修善寺駅**→東海バス→**松崎**	3時間25〜45分	7770円
名古屋から		**名古屋駅**→JR東海道新幹線こだま・ひかり→**三島駅**→伊豆箱根鉄道駿豆線→**修善寺駅**→東海バス→**松崎**	4時間〜4時間35分	11610円

※注：ほかに、全車グリーン車指定席の特急サフィール踊り子も運転しています。ねだんは特急踊り子とは異なります。

 マークの説明 新幹線 その他の鉄道 バス

三島・沼津へ

どこから	なにで？	ルート	所要時間	ねだん
東京から		**東京駅**→JR東海道新幹線こだま・ひかり→**三島駅**	50～55分（「ひかり」は40分）	4600円
		東京駅→JR東海道新幹線こだま・ひかり→**三島駅**→JR東海道本線→**沼津駅**	1時間～1時間15分（「ひかり」は50～55分）	4600円
名古屋から		**名古屋駅**→JR東海道新幹線こだま・ひかり→**三島駅**	1時間40～45分（「ひかり」は1時間15分）	8440円
		名古屋駅→JR東海道新幹線こだま・ひかり→**三島駅**→JR東海道本線→**沼津駅**	1時間50分～2時間（「ひかり」は1時間25～35分）	8440円

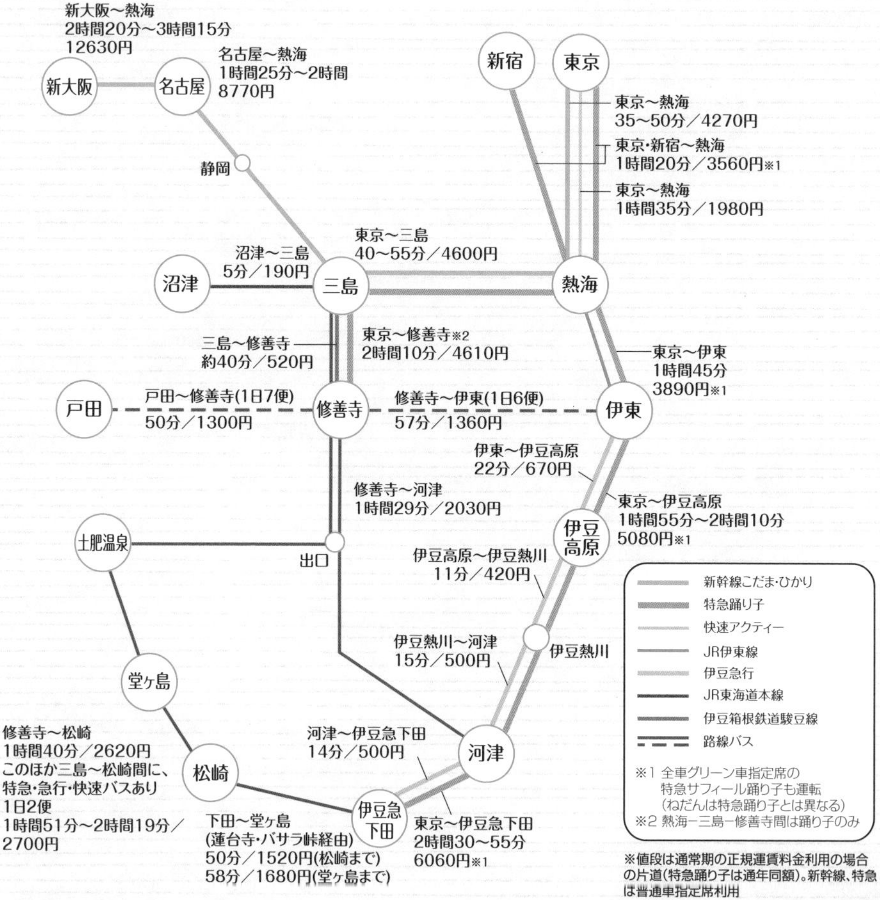

※値段は通常期の正規運賃料金利用の場合の片道(特急踊り子は通年同額)。新幹線、特急は普通車指定席利用

※路線バスについては、日中1時間に1便未満の運行区間のみ便数表示

鉄道・バス利用なら、お得なきっぷ伊豆Naviを利用して

**お得なきっぷは、いずれも指定エリア内の電車・バスが乗り放題。
行きたいスポットを気ままに巡る旅にうってつけです。**

便利な電子チケットやお得なクーポンもあります

伊豆を旅するときに便利なサービス「伊豆navi」のLINE公式アカウントを友だち追加すると、電車・バスで使えるフリーパス・乗車券や観光施設の割引チケットを、窓口に並ぶことなく、スマホ上で電子チケット購入することができる。また、

●季節のイベントや新着情報、飲食店等で使えるクーポンを入手
●デジタルマップで観光・飲食スポットの検索
●目的地までの経路検索

などといった、伊豆を旅する際に便利な機能が活用できる。

【伊豆navi公式サイト】 伊豆navi
https://www.jreast.co.jp/multi/maas/izunavi/

●こんなチケットがあります（一例）

【東伊豆エリア】 東海バスフリーきっぷ「熱海1日券」、伊豆シャボテン動物公園入園券など

【南伊豆エリア】 東海バスフリーきっぷ「下田2日券」、下田海中水族館入館券など

【中伊豆エリア】 駿豆線1日乗り放題乗車券「旅助け（たびだすけ）」など

【西伊豆エリア】 東海バスフリーきっぷ「堂ヶ島・松崎・石廊崎2日券」など

● 伊豆ドリームパス

伊豆半島の指定エリア内のバスや鉄道、駿河湾フェリーに乗り降り自由のフリーパスチケット。指定エリアの違いにより、黄金路ルート、山葵路ルート、富士見路ルートの3タイプがあり、これ1枚で便利に伊豆半島を移動できる。指定エリアや発売場所ほか詳細はウェブサイト（http://www.izudreampass.com/）で確認を。

ほかにもさまざまなバスがあります。東海バスのHPなどで確認を。

ルート	料金	有効期限	発売場所
黄金路ルート	3700円	3日間	清水港フェリー乗り場、東海バス伊東駅案内所、東海バス修善寺駅前案内所（火曜定休）
山葵路ルート	3900円	3日間	清水港フェリー乗り場、東海バス伊東駅案内所、東海バス修善寺駅前案内所（火曜定休）
富士見路ルート	2800円	2日間	清水港フェリー乗り場、東海バス修善寺駅前案内所（火曜定休）、東海バス三島駅前案内所（水曜定休）、伊豆箱根鉄道駿豆線三島駅、伊豆箱根鉄道駿豆線伊豆長岡駅

こんな高速バスも便利です

三島・沼津へも高速バスで

東京駅八重洲南口～沼津駅北口、バスタ新宿（新宿駅新南口）・渋谷マークシティ～三島駅北口・沼津駅北口に高速バスが運行。片道2100～2200円。要予約。

富士急コールセンター（東京・新宿～三島・沼津）
☎ 0570-022-956
WILLERカスタマーセンター（新宿～三島「三島エクスプレス」）
☎ 0570-200-770
高速バスドットコム（新宿～三島「三島エクスプレス」）
☎ 0570-048-983

問い合わせ

JR東海テレフォンセンター（新幹線利用の場合）
☎ 050-3772-3910（6:00～24:00）
JR東日本お問い合わせセンター（在来線利用の場合）
☎ 050-2016-1600（6:00～24:00）

伊豆急行
☎ 0557-53-1115
（運賃・料金・時刻関係　平日9:30～17:30）

伊豆箱根鉄道　三島駅
☎ 055-975-0587（始発～終電）

東海バス伊東駅案内所
☎ 0557-36-7077（9:00～18:00）
東海バス修善寺営業所
☎ 0558-72-1841（9:00～16:30）
東海バス下田駅前案内所
☎ 0558-22-2511（9:00～17:00）

鉄道がない地域やバスの本数が少ない地区はクルマ利用が効率的

**伊豆半島の観光スポットには鉄道が通っていなかったり
バスの運行本数が少ない地区もあるので、
車があればより効率的なプランが組めます。**

東京から熱海・伊東・伊豆高原・東伊豆・下田方面へ

🕒2時間35分（伊豆高原）　3時間35分（下田）

東名高速道路、小田原厚木道路、西湘バイパス、国道135号、真鶴道路、熱海ビーチラインを経て熱海市内に入り、さらに国道135号で各地に向かうルートが一般的。

東京から修善寺・西伊豆方面へ

🕒1時間25分（沼津）　1時間35分（修善寺）

東名高速道路を沼津ICで下り、三島方面へは伊豆縦貫自動車道、国道1号、県道22号・51号で、伊豆長岡、修善寺方面へは伊豆縦貫自動車道、伊豆中央道、修善寺道路経由で向かうルートが一般的。河津七滝方面へは、南伊豆方面へのルートをたどり、国道135号の河津からアクセスする方法も有効。

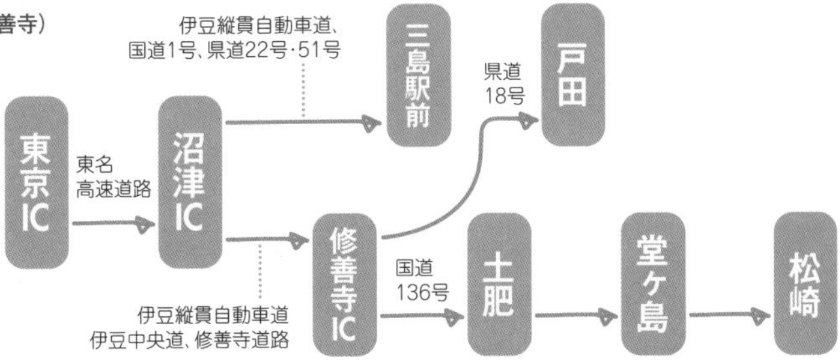

名古屋・大阪方面から伊豆半島へ

東名高速道路を沼津IC（または新東名高速道路長泉沼津IC）で下り、中伊豆・西伊豆方面へは東京からと同じルートをたどる。東伊豆・南伊豆方面の各地には、国道136号の伊豆の国市三福から県道19号で亀石峠を越えるなどの方法で向かう。なお、西伊豆の土肥、堂ヶ島、松崎方面へは清水港～土肥港間に1日4往復運航されている駿河湾フェリーを利用する方法もある。

伊豆の道路交通情報

日本道路交通情報センター（静岡情報）
☎ 050-3369-6622

渋滞をさけるなら
レンタカーも手です

休日は伊豆の各地で渋滞が発生するので時間の余裕を十分にみましょう。また、首都圏に帰る東名高速道路も、日曜日や連休最終日の夕方から夜にかけてしばしば大渋滞が発生するので、現地までは鉄道で行き、レンタカーを借りるのもおすすめです。

トヨタレンタリース
☎ 0800-7000-111

ニッポンレンタカー
☎ 0800-500-0919

日産レンタカー
☎ 0120-00-4123

オリックスレンタカー
☎ 0120-30-5543

伊豆は山道も多いので、クルマを運転の際は休憩をとりつつ、ゆっくり走りましょう。

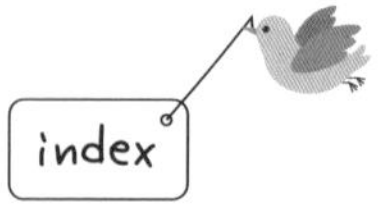

熱海・伊東・伊豆高原

あ

か

さ

下田・熱川・河津

📷 みどころ Ⓡ レストラン Ⓒ カフェ Ⓢ ショップ Ⓗ ホテル ♨ 温泉

みどころ　R レストラン　C カフェ　S ショップ　H ホテル　温泉

ことりっぷ co-Trip

伊豆

熱海

STAFF
●編集
ことりっぷ編集部
くらしたび(志水竜一)
●取材・執筆
鷲巣友夏、竹内友美、太田友子、
しずおかオンライン、
アイドマ編集室(外岡実)
●撮影
廣瀬貴礼、清水ちえみ
●表紙デザイン
GRiD
●フォーマットデザイン
GRiD
●キャラクターイラスト
スズキトモコ
●本文デザイン
GRiD
●DTP制作
明昌堂
●地図制作協力
田川企画
●校正
高杉周一
田川企画
●協力
関係各市町観光課・観光協会、
関係諸施設

2024年2月1日　5版1刷 発行

発行人　川村哲也
発行所　昭文社
本社：〒102-8238 東京都千代田区麹町3-1
☎0570-002060(ナビダイヤル)
IP電話などをご利用の場合は☎03-3556-8132
※平日9:00～17:00(年末年始、弊社休業日を除く)

ホームページ:https://www.mapple.co.jp/

●掲載データは、2023年10～11月の時点のものです。変更される場合がありますので、ご利用の際は事前にご確認ください。消費税の見直しにより各種料金が変更される可能性があります。そのため施設により税別で料金を表示している場合があります。なお、感染症に対する各施設の対応・対策により、営業日や営業時間、開業予定日、公共交通機関に変更が生じる可能性があります。おでかけになる際は、あらかじめ各イベントや施設の公式ホームページ、また各自治体のホームページなどで最新の情報をご確認ください。また、本書で掲載された内容により生じたトラブルや損害等については、弊社では補償いたしかねますので、あらかじめご了承のうえ、ご利用ください。
●電話番号は、各施設の問合せ用番号のため、現地の番号ではない場合があります。カーナビ等での位置検索では、実際とは異なる場所を示す場合がありますので、ご注意ください。
●料金について、入場料などは、大人料金を基本にしています。
●開館時間・営業時間は、入館締切までの時刻、またはラストオーダーまでの時刻を基本にしています。
●休業日は、定休日のみを表示し、臨時休業、お盆や年末年始の休みは除いています。
●宿泊料金は、基本、オフシーズンの平日に客室を2名1室で利用した場合の1人あたりの料金から表示しています。ただし、ホテルによっては1部屋の室料を表示しているところもあります。
●交通は、主要手段と目安の所要時間を表示しています。ICカード利用時には運賃・料金が異なる場合があります。
●本書掲載の地図について
測量法に基づく国土地理院長承認(使用)
R 5JHs 15-162250　R 5JHs 16-162250
R 5JHs 17-162250

ISBN 978-4-398-16225-0
定価は表紙に表示してあります。